존 보글
부의 마인드

JOHN C. BOGLE ENOUGH
True Measures of Money, Business, and Life

존 보글
부의 마인드

존 보글 지음 | 이건 옮김

저녁달

이 책에 바치는 찬사

"이 책은 존 보글의 오랜 추종자들이 기다려온 책이다. 그리고 앞으로 수많은 사람들에게 영감을 줄 책이기도 하다. 그는 자신의 삶을 투명하게 드러내면서, 인생의 방향과 투자에 대한 통찰을 담담히 건넨다. 이 글은 화려한 금융 용어를 피하고, 삶 속에서 잃어버린 의미를 되찾는 길을 열어준다. 신뢰, 가치, 성공, 만족, 책임, 인격, 그리고 기여. 이런 단어들이 그의 글 속에서 한 올씩 엮여 거대한 직조물이 된다. 이 책은 더 이상 무의미한 경주에 매달리지 않도록 도와준다. 중년을 넘어선 독자에게는 삶의 무게를 덜어주고, 젊은 독자에게는 길을 보여준다. 존 보글이 말할 때, CEO도, 학자도, 그리고 우리 모두가 귀를 기울인다. 아니, 반드시 그래야 한다."

— 제프리 소넨펠드, 예일대학교 경영대학원 부학장

"'월스트리트의 양심' 존 보글이 혼자 힘으로 세운 뱅가드 그룹은 이후 온화한 거인으로 성장하여 수백만 미국인들의 은퇴, 교육, 자선사업에 기여하고 있다. 그가 자신의 반세기에 걸친 자본시장 및 인생 경험을 추출하여 흥미로운 책으로 펴냈다. 자신과 가족과 나라의 미래를 걱정하는 사람들의 필독서이다."

— 윌리엄 번스타인, 『무역의 세계사』 『투자의 네 기둥』 저자

"존 보글의 이 열정적인 외침 속에는 개인의 역할에 대해 숙고하게 만드는 인생 교훈이 담겨 있다. 보글은 개인적 일화, 확고한 증거, 주관적 훈계를 매끄럽게 결합하여 제시하면서, 우리 모두 가족, 직장, 공동사회에서 더 나은 구성원이 되어야 한다고 촉구한다. 페이지를 한 장 한 장 넘길 때마다 우리를 깊은 생각에 잠기게 한다. 이 책을 읽어라."

— 데이비드 스웬슨, 예일 대학교 최고투자책임자

"이 책은 '몰입', '책임감', '청지기 정신'에 새로운 의미를 부여한다. 그의 글은 명쾌하고 열정적이며, 그는 우리 모두의 역할 모델이다. 넘치는 탐욕, 회계 조작, 불법행위, 감독 실패에 환멸을 느끼는 수백만 투자자들의 필독서이다."

— 아서 레빗, 미국증권거래위원회 전임회장

"놀랍고, 사려 깊으며, 유익하고, 재치 넘치는 이 책에서 영감받아 내가 제목을 지어보았다. '보글에게는 결코 충분한 법이 없다!'"

— 피터 번스타인,
『세계 금융시장을 뒤흔든 투자 아이디어』『리스크』 저자

5

"이 책은 탁월한 사업가가 전하는 감동적인 메시지이다. 나는 모든 의사 결정자들에게 자신의 사업과 인생이 충분한지 감히 묻는 바이다. '충분함'이 무슨 뜻인가? 무엇이 충분한가? 어떤 목적에 충분한가? 이 책에서 마음껏 즐기며 숙고하자."

— 로버트 브루너,
버지니아 대학교 다든 경영대학원 학장 겸 찰스 애버트 교수

"무엇이 잘못되었는가? 무엇을 바로잡아야 하는가? 위대한 존 보글에게 답이 있다. 이 책을 읽으면 당신은 더 많은 것을 갈망하게 될 것이다."

— 제임스 그랜드,
《그랜츠 인터레스트 레이트 옵저버》 편집인

"존 보글 한 명의 통찰력은 월스트리트 무리 전체보다 더 뛰어나다. 이 책을 펼치는 순간, 첫 문장에서부터 사로잡히게 될 것이다. 나도 그랬다. 하지만 거기서 멈추지 말고 끝까지 읽어보길 바란다. 이 책은 깊고 커다란 보상을 안겨줄 것이다."

— 앨런 S. 블라인더,
프린스턴 대학 경제정책연구센터 공동 소장,
전 연방준비제도이사회 부의장

"이 책은 얇은 책 한 권으로 보일지도 모른다. 하지만 존 보글의 지혜는 그 안에서 묵직하게 빛난다. 우리가 지금 맞닥뜨린 도덕적, 경제적, 그리고 금융적 붕괴 속에서, 이 메시지들은 더없이 귀중하다."

― 윌리엄 H. 도널드슨,
미국 증권거래위원회 전 위원장

"한 투사가 다른 투사에게: 활기차고 긴 삶을 위한 기본 원칙을 책 한 권에 담아주어서 감사한다. 안일함과 단순히 더 많은 것을 원하는 것이 아니라, 어떤 공이라도 앞으로 나아가게 하는 기쁨에 집중하고자 하는 사람들을 위한 입문서이다."

― 이라 밀스타인,
웨일, 갓설 앤 맨지스(Weil, Gotshal & Manges LLP)
선임 파트너 변호사

"투자와 사업과 인생에서 우리가 이뤄야 하는 균형이 이 책에 단순하고도 명확하게 설명되어 있다. 안타깝게도 즉각적인 만족이 지배하는 오늘날의 세상에는 존 보글 같은 인물이 부족하다. 이 책은 경영학도와 기업 임원의 필독서가 되어야 한다."

― 데이비드 소콜,
미드아메리칸 에너지 지주회사 회장

톰 피터스(경영학자, 『초우량기업의 조건』 저자)

1970년대 말 나는 밥 워터먼Bob Waterman과 함께 훌륭한 기업들의 경영 방식을 연구하는 여정을 하고 나서, 『초우량기업의 조건In Search of Excellence』을 출간했다. 이 과정에서 우리는 비범한 경영자들을 만났다.

존슨앤드존슨의 CEO 짐 버크Jim Burke는 1982년 악명 높은 타이레놀 사건으로 위기에 처했던 존슨앤드존슨을 모두가 종교처럼 믿는 회사로 바꿔놓았다. 핵심 가치를 지침으로 삼아 진실성과 투명성으로 위기에 대처한 덕분에 이 회사는 지금까지도 가치 기반 조직의 힘을 보여주는 증거로 남아 있다.

1980년대 초 침체의 수렁에 빠졌던 델타 항공은 직원들의 결단 덕분에 재무 상태가 엄청나게 호전되었다. 레이 크록Ray Kroc이 이른바 QSC&V(Quality, Service, Cleanliness and Value: 품질, 서비스, 청결, 가치)를 기반으로 설립한 맥도날드는 1980년대 초에 엄격하게 관리되고 있었다. 휼렛패커드의 존 영John Young은 공장 직원들과 세부 업무를 협의하면서 현장경영을 실천하고 있었다.

책의 핵심 개념은 이것이었다.

'강한 것은 부드럽고 부드러운 것은 강하다Hard is soft. Soft is hard.'

엔지니어, MBA, 맥킨지 컨설턴트 출신인 우리는 측정과 평가가 중요하다고 확신했지만, 숫자가 쉽게 조작된다는 사실도 매우 잘 알고 있었다. 강한 숫자가 부드러운 숫자로 바뀌는 일이 거듭 발생했다. 엔론Enron은 하버드 비즈니스 스쿨과 맥킨지 출신들이, 2000년대의 파생상품, 초파생상품, 그리고 신용부도스왑Credit Default Swap은 박사 학위자들이 설계한 결과물이었다. 그러나 강했던 숫자들이 너무 부드럽고 불확실해졌고 결국 붕괴하고 말았다.

무엇이 문제일까? 무엇이 진정으로 '강한' 것일까? 진실성. 신뢰(존슨앤드존슨에 대한 믿음처럼). 지속하는 가치. 뿌리 깊은 관계. 훌륭한 기업 시민의식. (고객과 공장 직원들의 말에) 귀 기울이면서 그들의 말에 따라 행동하는 일. 1980년대 초의 근심거리였던 독보적 품질. 그리고 초우량excellence. 이들 대부분이 비즈니스 스쿨에서 배우는 내용은 아니지만, 효과적 기업의 기반이다.

내가 세계금융위기 한복판에서 특별한 이유 없이 존 보글의 책 『존 보글 부의 마인드』를 집어 들게 된 이유는, 바로 그 놀라운 여정을 떠올렸기 때문이다. 사실 나는 서점에서 선 채로 읽었는데, 책을 내려놓을 수가 없었다. 지금까지 나는 이 책을 네 번 통독했고, 반복해서 다시 읽은 부분이 57페이지에 이르며, 친구와 동료들에게 선물한 책이 50권이고, 말하기 쑥스럽지만 앙골라에서 아부다비와 중국을 거쳐 시카고까지 여행할 때도 신성한 물건처럼 갖고 다녔다. 예를 들어 시베리아 노보시비르스크에서 세미나를 준비할 때, 나는 이 책을 훑어보면서 내가 모호한 이론에만 치우쳐서 휼렛패커드의 존 영이 실천한 이른바 구식 현장 경영이 주는 교훈을 잊지는 않았는지 점검했다.

피터 템플Peter Temple의 스릴러 〈브로큰 쇼어The Broken Shore〉는 세계적으로 유명한 상을 휩쓸었다. 이 책이 심금을 울리자 여러 저명한 평론가가 "이 책은 위대한 스릴러가 아니라 위대한 소설이다."라고 말했다. 나도 『존 보글부의 마인드』를 똑같이 평가한다. 이 책은 위대한 금융 서적이 아니다. 위대한 경영 서적도 아니다. 그냥 위대한 책이다!

존 보글의 글은 이해하기 쉽고, 그의 추론은 간단하며 방대한 경험에 근거한다. 그는 금융 전문가이지만 금융, 사업, 인생을 논하면서 방정식을 단 하나도 사용하지 않았다. 보글처럼 필라델피아 출신인 현자 벤저민 프랭클린의 저서를 제외하면, 내가 67세까지 읽은 경영 서적과 인생 지침서 중에서 이 책이 단연 최고라고 확언해도 과장이 아니다.

1974년 존 보글이 설립한 뱅가드 그룹The Vanguard Group의 탁월성은 이미 널리 알려졌고, 1980년대에 밥 워터먼과 나를 이끄는 매우 밝고 진정한 등불이 되었다. 존 보글은 우리 시대는 물론 역사상 가장 위대한 자본가 중 한 사람이다. 그와 뱅가드는 수많은 사람의 금융 웰빙financial well-being과 안전에 이바지했다. 그 비결은 장기적으로 우리는 시장을 이길 수 없다는 신중한 믿음이고, 따라서 최고의 실적은 투자자들에게 거의 모든 성과를 돌려주는 인덱스펀드에서 나온다는 믿음이다. 그의 평생의 작업을 떠받친 토대는 진실성, 투명성, 단순성, 그리고 가치이다.

흥미롭게도 나는 보글을 만난 적이 없고 슬프게도 뱅가드에 투자한 적도 없으므로 이런 말을 할 만한 이해관계가 전혀 없고, 그의 저서가 인생을 변화시키는 보석 같은 책이라고 단언할 이유도 없다. 나는 경영 효과 극대화 연구에 평생을 헌신하는 과정에서 존 보글과 마찬가지로 솔직함, 인격, 진실성, 상식, 품위가 인생은 물론 기업 경영에도 최고의 열쇠임을 깨달았다.

이 추천서문에서는 이 책의 내용을 인용하지 않겠다. 초고를 쓸 때는 일부 내용을 인용하려고 했지만, 내가 중요하다고 생각하여 접어놓은 페이지가 57군데나 되어 당황했다. 보글의 간결하고 명료하고 직설적인 산문을 읽으면 나 자신이 부끄러워진다. 하지만 장제목만 훑어보아도 이 책의 특색을 맛볼 수 있다. (나는 차례만 보고서도 이 책에 완전히 중독되었다)

1장. 비용만 높고 가치는 부족하다

2장. 투기는 넘치지만 투자는 부족하다

3장. 복잡성은 넘치지만 단순성은 부족하다

4장. 숫자만 따질 뿐 신뢰는 부족하다

5장. 사업 행위는 넘치지만 전문가의 품격은 부족하다

6장. 상술만 넘칠 뿐 청지기 정신은 부족하다

7장. 경영은 넘치지만 리더십은 부족하다

8장. 재물에는 지나칠 정도로 집중하지만, 책임에는
충분히 집중하지 않는다

9장. 21세기 가치는 넘치지만 18세기 가치는 부족하다

10장. 성공은 넘치지만 인격은 부족하다

　나는 이 장제목들을 가져다가 나의 십계명으로 만들고
싶다. 그의 걱정은 지금까지 내가 진정으로 살고 싶었던
인생을 가장 잘 요약하며, 나의 노력에 대해 사람들이 말
해주길 간절히 바라는 내용이다.

★★★

　요즘 나는 파워포인트 슬라이드 두 장으로 강의를 시

작한다. 하나는 독보적인 호텔 경영자 콘래드 힐튼Conrad Hilton에게 경의를 표하는 슬라이드이다. 힐튼은 그가 이룬 탁월한 경력의 비결을 알려달라는 요청을 받고 연단에 섰다. 잠시 청중을 바라보던 그가 말했다.

"샤워 커튼은 잊지 말고 욕조 안으로 밀어 넣으십시오."

이 말만 하고 그는 자리로 돌아갔다.

또 하나는 20년 전 캘리포니아 몬터레이 회의장에서 매우 성공적인 중서부 지역은행 은행장과 내가 대화하는 모습이 담긴 슬라이드이다. 2007년 세계금융위기 기간이었으므로 그의 말이 생생하게 기억난다.

"톰, 성공적인 대출 관리자 이야기를 해드리지요. 일요일에 교회에서 예배를 마치면 그는 가족을 태우고 집으로 운전해 오면서 조금 우회해서, 그가 대출해준 공장과 물류센터를 거쳐 간답니다. 들어가 보는 것은 아니고 지나가면서 눈여겨보기만 한답니다."

샤워 커튼.
간단한 주행 경영.

그 정도로 충분합니다.

톰 피터스Tom Peters

뉴질랜드 골든 베이

2010년 4월

빌 클린턴(제42대 미국 대통령)

조지타운 대학교에서 고대 문명을 가르치는 나의 은사님은 미국이 역사상 가장 위대한 나라가 된 것은 국민이 서구 문명의 두 기둥을 항상 믿었기 때문이라고 가르쳤다. 하나는 내일이 오늘보다 나으리라는 믿음이고, 하나는 오늘보다 나은 내일을 만들어내는 책임이 우리 모두에게 있다는 믿음이다. 그는 이러한 신념을 '미래 선호 future preference'라고 불렀다.

최근 미국 금융계 리더 중 일부는 이러한 믿음을 저버린 채, 미래에 미치는 영향을 무시하면서 단기간에 막대한 부를 쌓았다. 미국인과 세계인은 지금도 이렇게 무익

하고, 심지어 일부 불법적인 행동의 영향을 받으면서 살아가고 있다. 그러나 우리가 더 나은 내일을 만들어내려면 최근의 금융위기 이전에 우리가 걸어온 길을 계속 이어가서는 안 된다.

이 책에서 존 보글은 무엇이 잘못되었는지 설명하면서, 우리가 금융 시스템을 복구하고 더 풍요롭고 공정한 세상을 창조하는 방법에 대해 명확한 조언을 제시한다. 장기적인 경제 성장을 지탱할 수 있도록 우리 금융계에 도덕성과 진실성 회복을 촉구하는 중요한 책이다.

금융계에서 흠잡을 데 없는 자격을 갖춘 보글은 미국을 떠받치는 근간이 근면, 절제, 의무의 전통이며, 이런 가치를 희생해서 빠른 출세를 추구하면 무고한 사람들이 피해를 보게 된다고 깨우쳐준다. 야망과 사회에 관해 숙고하면서, 빠른 출세로는 우리 인생의 의미를 평가할 수 없다고 그는 주장한다. 그리고 거대 자본가일지라도 남들이 꿈을 이루도록 협력하면서 공동체에 장기적으로 이바지해야 진정한 가치가 있다고 말한다.

금융위기 직전까지는 매일 국경을 넘나드는 자금이 2조 달러를 초과하는 고속 디지털 시대였으므로, 보글의 분석과 주장이 처음에는 매우 낡은 방식처럼 보인다. 그

러나 우리의 충만한 상호 의존성을 고려하면 그의 주장
은 더없이 적절하다. 미국의 행동은 국경 안팎에 엄청난
영향을 미친다. 오로지 개인의 이익을 위해서 이런 영향
을 무시한다면 잘못이다. 미래 선호라는 가치관은 여전
히 중요하다. 우리는 미래 선호를 되찾아야 한다.

　관심 있는 시민이라면 누구든 그가 책에서 제시하는 중
요한 교훈을 배워 혜택을 볼 수 있다고, 탁월하고 선량한
존 보글은 말한다. 알렉시 드 토크빌Alexis de Tocqueville(프랑
스 귀족)이 오래전 미국에 관해서 한 말이 떠오른다. "미
국이 위대한 것은 선량하기 때문이다. 미국이 선량함을
잃으면 위대함도 잃을 것이다." 이 책은 둘 다 되찾아야
한다고 주장한다.

윌리엄 제퍼슨 클린턴William Jefferson Clinton

2010년 3월

윤리 부족이 부른 위기

『존 보글 부의 마인드』의 원고가 완료된 시점인 2008년 9월 초, 연방정부는 투자은행 리먼 브러더스 홀딩스 Lehman Brothers Holdings를 구제하지 않기로 했다. 이 회사도 이 사실을 알았는지는 모르지만 결국 파산했다. 당시 재무장관 헨리 폴슨 Henry Paulson은 장부에 520억 달러로 표시된 리먼 그룹의 부실자산이 실제 추정 가치는 270억 달러에 불과했으므로 망할 수밖에 없었다고 나중에 설명했다.

리먼을 파산시킨 정부의 결정에 시장은 곧바로 민감하게 반응했다. 고점 1만 4,160포인트를 기록하고 2007년 중반부터 하락하던 다우 지수가 리먼 파산 후 시장이 다시 열렸을 때는 510포인트 하락하여 1만 910포인트가 되었다. 이는 시작에 불과했다. 이후 6주에 걸쳐 다우지수는 7,550포인트까지 하락했다. 그리고 몇 개월 횡보하다가 다시 하락하여 2009년 3월 저점 6,550포인트를 기록했다. 이는 고점 대비 54%에 이르는 충격적 폭락으로서, 시가총액 9조 달러가 증발한 1930년대 이후 최대 하락이었다.

물론 주식시장은 단지 다가오는 경제 위기의 실상을 예상하고서 반영했을 뿐이다. 은행들은 재무상태표에 표시된 부실자산을 수조 달러 상각했다. 사업 활동은 급격히 위축되었고, 미국 경기는 침체했다. 실업률이 치솟았고, 신용 경색으로 자금을 구하기 어려워졌다. 미국은 대공황 이후 가장 심각한 경기 침체기에 진입했다.

붕괴의 원인

이 붕괴의 원인은 비밀이 아니다. '승리하면 공치사하는 사람이 천 명이지만, 패배하면 책임지는 사람이 하나도 없다.'라는 말이 있다. 그러나 비유적으로 말하자면, 이 충격적인 금융위기 탓에 패배한 투자자들에게 책임져야 할 사람은 천 명이나 있다. 연준은 2000~2002년 주식시장 붕괴 이후 지나치게 오랜 기간 금리를 너무 낮게 유지했으며, 주택담보대출 은행들을 제대로 규제하지 못했다. 예금은행과 투자은행들은 엄청나게 복잡하고 위험한 주택저당담보부채권mortgage-backed bond을 수조 달러나 만들어 판매했고, 이와 관련된 (신용부도스왑 등) 파생상품을 수십조 달러나 만들어 판매했다. 게다가 이들은 (때로는 33배에 이르는) 과도한 차입금을 동원해서 이런 부실 파생상품을 보유하기도 했다. 간단히 계산해보자. 자산의 가치가 3%만 하락해도 주주 지분 100%가 날아간다.

이 기관들은 주택담보대출을 증권화하여 검증되지 않은 금융상품으로 만들어 판매함으로써 차입자와 대출 기관 사이의 전통적 관계마저 단절시켰다. 그 결과 은행들은 대출자산을 통째로 매각할 수 있었으므로 차입자들의 신용도를 분석할 필요가 없었다. 영화 〈멋진 인생It's a Wonderful Life〉에서 보듯이 은행들은 오래전부터 차입자의 신용도와 인격을 바탕으로 대출해주는 전통이 있었다. (조지 베일리 역을 맡았던 제임스 스튜어트와 신경질적인 미스터 포터 역을 맡았던 라이어널 배리모어를 기억하는가?)

시장 규제 당국은 많은 질문에 답해야 한다. 증권거래
위원회는 자본시장의 심각한 상황을 인식하지 못할 정도
로 무관심했다. 상품거래위원회CFTC는 파생상품 거래와
가치평가 과정이 불투명한데도 완전 공시를 요구하지 않
았고 거래상대방들의 채무이행 능력도 점검하지 않았다.

때늦게 생각나서 파생상품 규제 책임을 상품거래위원
회에 떠넘긴 의회도 잊어서는 안 된다. 또한 의회는 정부
후원 기관(패니메이Fannie Mae와 프레디맥Freddie Mac)이 위험
을 무릅쓰고 자본 한도를 훨씬 초과하여 사업을 확장하
도록 허용(사실은 권장)했고, 대출 기준을 완화하도록 압
박했다. 아울러 전통적인 예금은행 업무와 더 위험한 투
자은행 업무를 분리하여 60년 넘게 국익을 지켜온 1933
년 글래스-스티걸법Glass-Steagall Act을 폐지했다.

증권 애널리스트들도 책임이 크다. 이들은 자사 재무
상태표의 건전성보다 이익 성장률에 관심이 훨씬 많았던
신종 은행과 투자은행들이 떠안은 막대한 신용 위험을
인식하지 못했다. 신용평가기관들 역시 책임이 크다. 이
들은 발행자들로부터 거액의 보수를 받는 대가로 증권화
한 대출에 AAA 등급을 부여했다. 덕분에 발행자들은 정

크본드를 고급 증권으로 포장해서 판매할 수 있었다. (이것이 이른바 이해 상충이다)

"자본주의의 실패"

그러나 더 근본적인 현상도 나타나고 있었다. 바로 자본주의의 실패이다. 자본주의가 기대했던 방식으로 작동하지 않았다. 우리는 애덤 스미스의 '보이지 않는 손 invisible hand' 즉, 자신의 이익을 추구하는 행위가 결국은 사회에도 이익이 된다는 원리를 믿었다. 그러나 이 자유 시장 철학은 실패했다. 소규모 기업과 친밀한 공동체에 적용되던 원리들이 거대한 세계적 기업과 금융기관들이 지배하는 시대에는 효과를 상실했다.

이는 나만의 견해가 아니다. 미국에서 가장 지적이고 존경받는 인물들의 견해이기도 하다. 예를 들어 시카고의 법학자 (동시에 시카고학파 경제학자들의 리더인) 리처드 포스너Richard Posner는 위기 이후를 다룬 그의 저서에 『자본주의의 실패』라는 제목을 붙였다. 가슴 아픈 일이지만 금융 거품 형성과 붕괴 과정에서 중심인물이었던 전직

연준 의장 앨런 그린스펀Alan Greenspan도 똑같은 견해를 표했다. 그는 동료 연준 이사들을 설득하여 신용을 축소할 시점이 한참 지난 후에도 신용 완화 정책을 계속 유지했다. 차입자와 대출 기관을 연결하는 핵심 고리를 단절한 증권화 확산의 위험성을 간과했기 때문이다. 그린스펀의 지성적 분석과 시장을 움직이는 힘은 그 전제가 틀렸던 것으로 드러났다.

명예롭게도 2008년 10월 의회 증언에서 그린스펀은 자신의 실수를 인정했다. 다음은《뉴요커New Yorker》존 란체스터John Lanchester의 글이다.

> 그린스펀은 '지성 체계 전체'가 붕괴하여 '100년에 한 번 발생하는 신용 쓰나미'가 덮치면서 금융위기가 촉발되었다고 인정했다.
> "대출 기관들이 주주의 이익을 보호하리라 기대했던 사람들은 (저를 포함해서) 모두 충격받아 불신 상태에 빠졌습니다."
> 이렇게 자율 규제가 실패한 사실에 대해서 그는 말했다.
> "나는 자율 규제가 세상의 작동 방식을 규정하는 핵심 기능 구조라고 인식했으나 이 모형에 결함이 있었습니다."

'세상의 작동 방식을 규정하는 핵심 기능 구조'에 대해 더 생각해보자. 결함을 찾아내는 것은 대단한 일이다. 이 결함을 다른 방식으로 표현하자면 권력자들은 자신이 실제로 아는 것보다 더 많이 안다고 생각했다. 은행들은 숫자는 잘 알아도 역사는 충분히 알지 못했다. 아니면 둘 다 제대로 알지 못했을 수도 있다.

여기에 저는 이렇게 덧붙이고 싶다. 정말로, 이제 그만하면 충분하다!

이 책에 대한 이야기

이런 사건들의 조짐은 『존 보글 부의 마인드』에 이미 들어 있었는데, 돌아보면 기묘한 선견지명이나 예측 같기도 하다. 내가 『존 보글 부의 마인드』의 기본 아이디어를 처음 밝힌 시점은 2007년 5월 조지타운 대학교 MBA 졸업연설이었다. 이 책에도 실려 있지만 여기에서도 소개한다. 다음은 내 연설의 맥락이다.

'돈'은 우리 현실 사회에서 명성과 인품을 평가하는 척도로서 갈수록 중요해지고 있습니다. 오늘 아침 나는 MBA 졸업생 여러분에게 감히 부탁하려는 말이 있습니다. 여러분은 주로 경제계에 진출하게 될 것인데 사업과 기업가 정신 측면에서는 '충분함'의 역할이 무엇인지, 금융 시스템 측면에서는 '충분함'의 역할이 무엇인지, 여러분이 선택하는 분야에서 창출하는 가치 측면에서는 '충분함'의 역할이 무엇인지 나와 함께 생각해보자고 부탁합니다.

전에는 사업이 전문직을 보조하는 수단이었지만 자산운용업(이른바 '월스트리트')에서는 전문직이 사업을 보조하는 수단이 되었습니다. 하버드 비즈니스 스쿨 교수 라케시 쿠라나Rakesh Khurana는 진정한 전문직의 행동을 이렇게 정의했는데 나는 그의 말이 옳다고 생각합니다. '나는 사회에서 가치를 뽑아먹지 않고 사회를 위해서 가치를 창출하겠다.' 그런데도 자산운용업계는 우리 기업들이 벌어들인 수익에서 가치를 뽑아먹고 있습니다.

여러분이 자산운용업계에 진출한다면, 고객으로부터 가치를 뽑아먹으려는 행위는 제 손으로 무덤을 파는 짓임을 인식하고 정신 바짝 차리기 바랍니다. 월스트리트에는 '돈은 양심이 없다.'라는 말이 있습니다. 그러나 이 뻔한 말 때문에 자신의 양심을 무시해서는 안 되며, 행동과 인품이 달라져서도 안 됩니다.

그 졸업연설을 하고 나서 3년 후, 금융계는 실제로 제 손으로 무덤을 팠다. 자신이 설치한 폭탄에 날아가버렸다. 셰익스피어의 표현처럼 스스로의 폭탄에 당했다. 경제도 뒤따라 무너졌다. 내가 졸업연설에서 인용한 2006년 금융회사들의 이익은 2,150억 달러였지만, 2008년에는 손실이 2,330억 달러였다. 그 차액이 거의 0.5조 달러였다. (2009년에는 흑자로 돌아왔으나 290억 달러에 불과했다)

그러면 어떻게 해야 하는가

우리는 금융위기 때 주목받게 된 개별 문제들도 해결해야 하지만 미래에 발생할 문제들도 방지하는 조처를 해야 한다. 내 아이디어를 요약하면 다음과 같다.

• 금융 시스템에서 도덕적 해이를 근절하여 '대마불사too

big to fail'를 없앤다. 재무 위험을 감시하는 연방기관은 있어야 하겠지만, 첫 번째 조처는 '망할 은행은 망하게 한다.'가 되어야 한다.

• 투명하고 개방적인 시장을 조성하여 파생상품을 둘러 싼 비밀의 장막을 걷어낸다.

• 은행의 요구 자본을 대폭 증액하고 (즉, 부채비율을 낮추 고) 재무상태표 자산의 질을 높인다(즉, 위험을 축소한다).

• 독립적인 소비자 보호 기관을 설립한다.

• 1933년 글래스-스티걸법을 다시 도입하여 상업은행(예 금 수취) 업무와 투자은행(인수, 브리지론 등) 업무를 분 리한다.

• 금융기관, 기업, 가계가 부채비율을 축소하도록 유도 하는 시장 기반 인센티브를 개발하고, 이자에 대한 비 용공제 혜택을 점진적으로 폐지한다.

• 현재 미국 상장 주식의 70%를 통제하는 기관 펀드매니 저들의 신인의무fiduciary duty에 대해 연방 기준을 수립 한다. 이들이 오로지 고객들의 이익에만 기여하게 하 고, 종목선정에 상당한 주의를 기울이게 하며, 주식을 보유하는 기업들의 지배에 참여하여 권리와 책임을 맡 게 한다.

윤리 위기

그러나 이 위기의 밑바닥에는 또 다른 요소가 깔려 있는데, 현재 우리 사회에 만연한 가장 광범위한 요소이다. 한 뱅가드 주주가 나에게 보낸 편지에서 세계금융위기를 '윤리 부족이 부른 위기'라고 표현했다. 실제로 우리 사회 전통적 윤리 기준의 광범위한 타락에 금융위기의 무거운 책임이 있다.

상업, 사업, 금융 모두 이 추세에서 벗어나지 못했다. 애덤 스미스의 보이지 않는 손에 의지한 채 우리는 시장과 경쟁이 번영과 행복을 가져다주리라 믿었다. 그러나 성공을 오로지 돈으로 측정하는 '이익 제일주의 사회'가 탄생했다. 달러가 새 왕국의 화폐가 되었다. 견제받지 않는 시장 세력이 수 세기에 걸쳐 개발된 전문적 행위의 전통적 기준을 압도했다.

그 결과 절대적 기준이었던 윤리가 상대적 기준으로 바뀌었다. '어떤 일은 절대로 해서는 안 된다.'가 '다른 사람이 모두 그렇게 하면 나도 할 수 있다.'로 바뀌었다는 말이다. 이 과정에서 사업 윤리와 전문적 행위의 기준이 실종되었다. 전문직의 추진력에는 전문 지식, 기술, 기

준뿐만 아니라 책임감 있게, 사심 없이, 현명하게 윤리적
태도를 유지하는 일도 포함된다. 신뢰하고 신뢰받는다는
낡은 관념이 과거에는 사업 행위의 기준이자 성공의 열
쇠였지만 이제는 먼 옛날의 진기한 유물처럼 보인다. 우
리 사회는 어떻게든 그 기준으로 돌아가도록 자극받아야
한다.

대중의 인정

이 책이 발간되고 나서 다행히 사람들이 금융위기의 원
인을 깨닫는 조짐이 나타나고 있다. 이 책의 여러 주제에
대해 존경받는 인물들이 독자적으로 언급했다. 2010년
초 베스트셀러 작가이자 《뉴욕타임스》 칼럼니스트인 토
머스 프리드먼Thomas L. Friedman은 다음과 같이 썼다.

지금의 금융위기는 미국의 윤리가 광범위하게 붕괴한
결과이다.

GE의 CEO 제프리 이멜트Jeffrey Immelt도 《파이낸셜 타임

스》에 비슷한 견해를 밝혔다.

　엄격했던 기업 경영자들이 비열하고 탐욕스러운 경영자들로 교체되었고 … 보상은 왜곡되었다. 가장 부유한 사람들이 가장 책임감 없이 가장 많은 잘못을 저질렀다. 제조업과 연구개발 투자를 희생시키면서 금융 서비스 부문이 일확천금하는 추세가 미국 경제에 해를 끼쳤다.

　경제 전문가이자 언론인 에드워드 해더스Edward Hadas는 《뉴욕타임스》에 다음과 같이 썼다.

　금융계 활동 중 애처로울 정도로 많은 부분이 도박에 불과하다. 주식, 채권, 그리고 관련 파생상품이 거래될 때 이익과 손실이 거의 모두 상쇄된다. (포트폴리오 관리는 흔한 취미이므로) 이런 거래가 재미있을지는 몰라도 실물 경제에 기여하는 바는 거의 없다.
　도박장에서 그렇듯이, 금융 거래에서도 발생하는 손실이 이익보다 조금 더 많다. 금융회사(도박장)가 자기 몫을 떼어가기 때문이다. 최근에는 금융회사(증권회사, 거래소, 펀드회사)도 자체적으로 금융 거래(도박)를 통해서 이익을 늘렸다. 금융위기가 발생할 때까지 이런 금융 거래는 대개 수익성이 좋았다.

금융에는 심리적 문제는 물론 윤리적 문제도 있다. 국가는 생산을 통해서 부유해지지, 돈놀이를 통해서 부유해지지 않는다. 사람들은 월스트리트를 통해서든 주택을 통해서든 막대한 이익을 얻게 되면, 더 많은 이익을 원하는 경향이 있다. 이렇게 환상에 불과한 이익에 관심이 쏠리면 사람들은 더 소중한 과업을 버리게 된다.

이렇게 그다지 좋지 않은 활동(금융 거래)이 너무 많았다고 미국과 세계는 판단하지 않을까? 꼭 그렇게 판단하지는 않을 것이다. 지난 40년 동안 이 추세는 달리는 열차처럼 가속도가 붙었기 때문이다. 그러나 최근 금융시장에 불어닥친 허리케인의 파괴력이 너무 강해서 이 열차가 탈선할지도 모른다.

이는 단순히 돈 문제에 그치지 않는다. 적어도 한 세대 동안, 전 세계에서 가장 재능 있는 사람들이 지나치게 높은 비율로 금융계로 진출했다. 만약 더 많은 뛰어나고 영리한 사람들이 산업, 교육, 예술 분야 등에서 경력을 쌓는다면, 모두가 더 나은 삶을 누릴 수 있을 것이다.

다음은 '버튼우드Buttonwood'가 《이코노미스트》에 쓴 글이다.

> 펀드매니저들의 단기 성과주의 때문에 피해를 보는 사람은 고객이다. 비용률이 가장 높은 펀드가 수익률이 가장 낮다. 고객의 돈이 비용과 매수-매도 호가 차이로 지출되기 때문이다. 정부가 진정으로 스캔들을 공격하고자 한다면, 그 대상은 개인 투자자들을 희생시켜 자신의 배를 채우는 금융계의 행태가 될 것이다.

물론 이렇게 유명한 전문가들이 『존 보글 부의 마인드』의 여러 주제를 언급해준다는 사실이 내게는 매우 기쁘다. 그러나 가장 뿌듯한 논평은 앞에서 인용한 영국 언론인 존 란체스터가 《뉴욕타임스》에 쓴 글이었다. 인용하면 다음과 같다.

> 규제가 없어서 거의 모든 종목이 상승하던 대형 강세장이 개인들의 손에 넘어가자 거대한 거품이 붕괴했고, 그 손실을 사회가 떠안게 되었다. 세상일이 이렇게 진행되리라고는 아무도 생각하지 못했다. … 이 개혁에는 당신

과 나를 겨냥한 개인의 개혁도 포함된다. 우리 인생에 그렇게 많은 것이 필요할까? 자원이 바닥나고 있는 세상에서 가장 중요한 윤리, 정치, 환경 아이디어는 한 단어로 요약할 수 있다. '충분함enough'이다.

지금은 이 정도로 '충분하다'. 그러므로 이 개정판에 추가된 경영계의 권위자 톰 피터스와 빌 클린턴 전 대통령의 추천서문을 즐기고 나서 이 책을 읽기 바란다.
즐기고, 배우고, 가르치면서, 이 행진에 합류하라.

존 보글

2010년 4월

True Measures of Money, Business, and Life

차례

PART I 돈에 대한 태도

PART II 사업에 대한 태도

PART III 인생에 대한 태도

PART IV 무엇이 충분한가

거대한 유혹

미국 건국의 아버지들은 돈을 중심으로 도덕적 사고방식을 만들었다. 청교도적 유산은 사치와 방종을 억제했다. 벤저민 프랭클린은 근면, 인내, 검소를 강조하는 실용적인 복음을 전파했다. 수백만 명의 부모, 목사, 신문 편집자 그리고 교사들이 이 메시지를 상세히 설명했다. 그 결과는 정말 놀라웠다.

미국은 건국 이래 늘 부유한 국가였다. 그러나 이 나라는 재물 때문에 타락한 것이 아니다. 수 세기 동안 미국은 근면하고 의욕이 넘쳤으며 검소했다.

지난 30년 동안 이러한 가치의 많은 부분이 붕괴되었다. 검소함과 자신의 소득 내에서 소비하는 것을 장려하던 사회적 규범과 제도들이 약화되었고, 빚을 지고 현재의 즐거움을 추구하는 것을 부추기는 제도들이 강화되었다. 이 나라의 도덕 수호자들은 할리우드와 리얼리티 TV에서 타락을 찾느라 여념이 없지만 오늘날 가장 만연한 퇴폐는 바로 금융적 타락, 즉 돈을 사용하고 다루는 올바른 규범을 짓밟는 행태이다.

데이비드 브룩스
(David Brooks, 저널리스트, 『사람을 안다는 것』 『소셜 애니멀』 저자)
《뉴욕타임스》 2008년 6월 10일자 칼럼 [1]

한 억만장자가 셸터 아일랜드Shelter Island에서 개최한 화려한 파티에서, 소설가 커트 보니것Kurt Vonnegut은 친구 조지프 헬러Joseph Heller에게 귀띔했다. 이 파티를 연 헤지펀드 매니저가 단 하루에 벌어들이는 돈이, 헬러의 대히트작 『캐치-22Catch-22』로 평생 모은 돈보다 많다는 말이었다. 헬러가 대답했다.

"그래, 하지만 나는 그가 꿈도 꾸지 못할 생각을 하고 있어. … 나는 그 정도로 충분하다고 생각하니까."

'충분하다.' 나는 이 말이 주는 단순한 호소력에 충격을 받았다. 이유는 두 가지였다. 첫째, 나 자신이 인생에서 너무도 많은 것을 받았기 때문이고, 둘째, 조지프 헬러의 말이 더할 나위 없이 정확했기 때문이다. 가장 부유하고 가장 영향력 있는 사람들을 포함해서 오늘날 우리는 사회의 핵심 요소에 대해 만족할 줄을 모르는 듯하다.

　우리는 멋지면서도 슬픈 시대에 살고 있다. 민주 자본주의democratic capitalism가 세계 전체에 이토록 널리 퍼진 적이 없다는 점에서 멋진 한편, 바로 이 민주 자본주의가 이토록 과도한 모습을 드러낸 적이 없다는 점에서 슬프다.

　일류 헤지펀드 매니저들이 10억 달러가 넘는 연봉을 챙기고, 실패해서 쫓겨나는 CEO들을 포함해서 미국 상장회사 CEO들이 천박한 (달리 마땅한 표현이 없다) 수준의 보상을 받는 것은 말할 필요도 없고, 과도한 부채를 동원하여 과도한 투기를 일삼는 금융 및 투자 산업, 그리고 정부 지원을 받는 (그러나 상장회사인) 거대한 주택담보 대출기관 패니메이와 프레디맥에 의해 이어지고 있는 위기(이

---

* 국제통화기금(IMF)에 따르면 지금이 '대공황 이후 미국이 맞이한 최대의 금융위기'이다.

는 극단적인 표현이 아니다.*)¹에서 이렇게 과도한 모습이 적나라하게 드러난다.

그러나 우리 금융시스템과 기업 세계를 삼킬 듯이 위협하는 사나운 탐욕은 단순히 돈 문제만은 아니다. 충분한 줄을 모르면 직업적 가치가 타락한다. 투자를 위임받은 수탁자들이 세일즈맨으로 전락한다. 신뢰가 바탕이 되어야 하는 시스템이, 계산을 바탕으로 삼는 시스템으로 변질한다. 더욱 나쁜 일은, 충분한 줄을 모르기 때문에 우리는 인생 전반에서 길을 잃어버린다는 것이다. 우리는 성공이라는 헛된 꿈을 좇는다. 결국 아무 의미 없고 무상한 제단에 머리를 조아리느라, 계산할 수 없는 정말로 영원한 것을 간직하지 못한다.

바로 이 메시지가 조지프 헬러가 '충분하다'는 강력한 말 한마디에 담은 의미이다. 이는 부에 대한 숭배와 직업 윤리의 타락뿐 아니라 궁극적으로 인격과 가치의 파괴까지 경고한 말이다. 그래서 나는 가장 잘 아는 내용부터 이야기를 시작하려고 한다. 나의 인생이 나의 인격과 가치를 어떻게 형성했는지, 그리고 나의 인격과 가치가 나의 인생을 어떻게 만들어갔는지 설명하고자 한다. 이제 보게 되겠지만, 나는 수없이 많은 면에서 충분히 받으면서 살아왔다.

성장기

나의 가문부터 이야기하는 것이 좋을 듯하다. 나의 뿌리는 골수 스코틀랜드인데, 이로부터 나의 전설적인 절약 정신을 충분히 이해할 수 있을 것이다. 어머니의 외가쪽 선조인 암스트롱 가문은 1700년대 초에 농사를 지으러 스코틀랜드에서 미국으로 이주했다. (우리가 거의 이민자의 후손이라는 사실을 일깨워준다) 나는 증조부 필랜더 배니스터 암스트롱Philander Banister Armstrong이 나의 정신적 선조라고 항상 생각했다. 그는 산업의 리더였지만 먼저 화재보험 산업을 개혁하려고 최선을 다했고 (1868년 세인트루이스 연설에서 "여러분, 비용을 줄이십시오."라고 호소했다) 이어 생명보험 산업을 개혁하기 위해서 노력했다. 258쪽에 이르는 그의 맹렬한 비난문은 제목이 「허가받은 도둑질: 생명보험 산업이 고객으로부터 수십억을 강탈하는 방법A License to Steal: How the Life Insurance Industry Robs Our Own People of Billions」이었다. 마지막 문장은 다음과 같다.

보험 산업은 암에 걸렸다. 바이러스가 피에 침투했다. 보험 산업은 병에 걸려 죽게 되었을 뿐 아니라 사회도 위협하고 있다. 장의사를 불러야 한다.

어머니의 친가인 힙킨스The Hipkins 가문도 18세기 초 미국으로 건너온 버지니아 사람들이었다. 일부 자손은 남부 동맹군에 복무했다. 나의 조부모인 존 클리프턴 힙킨스와 에피 암스트롱 힙킨스는 성격이 활발했으며 세 자녀와 여섯 손자가 훌륭한 시민이 되어 능력을 최대한 발휘하기를 바라셨다.

윌리엄 브룩스 보글과 그의 아내 엘리자베스 역시 스코틀랜드에서 미국으로 이주했으나, 훨씬 뒤인 1870년대 초에 왔다. 엘리스 섬을 통해 입국하지 않았는데도 두 분의 이름은 그곳에 새겨져 있다. 두 분의 아들이자 나의 할아버지인 윌리엄 예이츠 보글은 뉴저지 몽클레어에서 성공한 상인으로서 지역사회에서 높이 존경받았는데, 설립한 회사가 아메리칸 캔 컴퍼니American Can Company의 일부가 되었고 (1987년에는 프라이메리카 코퍼레이션Primerica Corporation이 되었다) 대규모로 성장하여 75년 동안 다우존스 산업평균 30대 종목에 포함되었다.

두 분의 아들 윌리엄 예이츠 보글 2세가 바로 나의 아버지이다. 미국이 선전포고하기 전인 제1차세계대전 초기에 아버지는 영국공군에 자원입대하여 소피스 카멜 Sopwith Camel이라는 복엽 전투기를 조종했다. 기막히게 잘 생긴 이 기세 좋은 조종사는 당시 황태자(1936년에 영국 왕이 되었지만, 나중에 사랑하는 여인과 결혼하기 위해서 왕위를 포기했다)를 닮았다는 말을 들었다. 아버지는 비행기가 추락하여 부상을 입고 귀국해서, 1920년 나의 어머니 조세핀 힙킨스 보글과 결혼했다.

유복한 젊은 부부는 순조로운 삶을 살았으나, 슬프게도 첫 쌍둥이(조세핀과 로렌)는 태어날 때 죽었다. 1927년에 첫아들이자 나의 형인 윌리엄 예이츠 보글 3세가 태어났고, 곧이어 1929년 5월 8일 또 쌍둥이인 데이비드 콜드웰 보글과 나, 존 클리프턴 보글이 태어났다.

쉴 새 없이 일하다

늘어나는 가족을 위해서 할아버지가 뉴저지 (몽클레어에 인접한) 베로나에 근사한 새집을 마련해주신 몇 해 뒤 우리가 태어났다. 그러나 대공황이 닥쳤고, 곧 할아버지와 우리 모두 재산을 잃게 되었다. 우리는 외가로 들어갔는데, 가족이 처음으로 뉴저지 해안을 따라 빈번하게 오르내리며 이동하게 되었다.

그래서 우리 가족은 처음에는 충분한 생활을 했으나 (사실은 충분한 수준 이상이었다) 곧 재정적으로 궁핍해졌다. (아버지는 당시 풍요로운 환경에서 자랐기 때문에 할아버지와는 달리 결단력이 부족해서 일자리를 얻기가 힘들었다) 세 소년은 어린 나이부터 스스로 벌어서 써야 했다. 나는 계속 반복해서 들었던 "한가한 손은 악마의 도구이다."라는 말을 지금도 선명하게 기억한다.

나는 우리 세 형제의 성장환경이 완벽하다고 자주 생각했다. 우리 가족은 사회적으로 명망이 있어서 열등감을 느끼거나 무시당할 염려가 전혀 없었지만, 우리가 쓸 돈은 스스로 벌어야 할 책임이 있었고 (심지어 가족 재정에 기여할 필요도 있었다) 일자리를 얻어야 했으며, 남의 밑에서 일하면서 단련해야 했기 때문이다. 친구들 가운데는 형편이 매우 충분해서 우리가 일하는 동안 노는 친구들도 있었지만 (지금까지도 여전히 친구이다) 우리는 봄 여름 가을 겨울 다양한 일에 종사하면서 (부유하든 가난하든) 고용주와 계약을 맺고, 기지를 발휘하며, 책임을 받아들이는 기쁨을 일찌감치 배우게 되었다.

블레어 아카데미Blair Academy
"와서 공부하고 배워라"

7학년과 8학년 때 우리 쌍둥이는 뉴저지 스프링 레이크에 있는 작은 초등학교에 다녔다. 이어서 우리는 근처에 있는 매너스콴 고등학교로 옮겼다. 그러나 어머니는 아들에 대한 야심이 있었고 최고의 교육을 받게 하지 못할까 봐 걱정이 크셨기에 훨씬 나은 교육기회를 찾아보셨다. 어머니의 끈기와 결단력 덕에 보글 집안의 세 형제 모두 뉴저지 북서부에 있는 명문 보딩스쿨 블레어 아카데미의 기숙생이 되었다. 이는 훌륭한 교육이 시작되는 놀라운 기회였다. 어머니의 교육에 대한 열정 덕분에 우리 집안의 경제적 어려움도 어느 정도 해결되었고 블레어 아카데미는 우리에게 장학금과 일자리를 제공했다. 첫해에 나는 식당에서 서빙을 했고, 상급학년이 되었을 때는 수석웨이터로 승진하여 더 책임이 큰 일을 맡게 되었다.

라틴어로 쓰인 블레어 아카데미의 좌우명은 '와서 공부하고 배워라'였는데 나는 그대로 실천했다. 나이 지긋한 학교 선생님들은 내가 노력하면 뛰어난 실력을 발휘할 수 있다고 보셨는지 나를 강하게 압박하셨는데, 수업이 내가 지금까지 경험했던 것보다 훨씬 힘들었지만 나는 점차 초기의 학업 부진을 극복할 수 있었다. 졸업식에서 나는 학생 대표로 내빈에 대한 환영사를 발표했으며, 투표를 통해서 '최고의 학생'이자 '성공이 가장 유망한 학생'으로도 선출되었다. 이 상이 지금까지도 흔들리지 않는 결단력과 나중에 직장생활에서 발휘하게 되는 기업가정신을 암시해주지 않았나 생각한다. 나는 1학년 시절에 새뮤얼 존슨(영국 시인 겸 평론가)에 관한 토머스 매콜리(영국 역사가 겸 정치가)의 글을 읽으면서 받은 영감을 결코 잊지 못할 것이다.

"그는 정신력으로 모든 장애를 극복했다."

따라서 인생에서 충분함을 바라보는 태도는 주로 나의 천성과 젊은 시절의 경험을 통해서 형성되었다. 특히 이 가운데서도 강인한 가족을 통해서 축복을 받았다는 것이 중요한 역할을 했다. 자부심 높은 조부모와 사랑이 넘치는 부모가 있었고, 자주 싸우기는 했으나 남들이 공격할 때는 똘똘 뭉쳐 맞섰던 세 소년의 놀라운 형제애가 있었기 때문이다.

그러나 이런 절묘한 조화도 큰 도움이 되지는 못했다. 보글 집안의 소년들도 수많은 미국 젊은이들보다 형편이 나을 바가 없었기 때문이다. 하지만 성년에 도달한 이후 나는 인생에서 무한한 행운을 맞이하게 되었고, 종종 기적 같은 행운을 만나기도 했다. 확실히 첫 번째 돌파구는 블레어 아카데미가 내 교육을 책임지기로 했을 때였다. 이 돌파구가 열리지 않았다면 오늘날 내가 어디서 무엇을 할지 누가 알겠는가? 나는 행운을 만나는 것을 다이아몬드 발견에 비유하게 되었다. 내 삶을 돌아보니 나는 '다이아몬드 밭'을 발견한 셈이었다.

다이아몬드 밭 이야기

옛날 페르시아에 살던 한 부유한 농부가 더 큰 부자가 되려고 고향을 떠나 신비로운 다이아몬드 광산을 찾아

돌아다니며 인생을 허비했다. 마침내 늙고 좌절감에 빠져 불행한 거지가 된 그는 천리 타향에서 바다에 몸을 던져 자살하고 말았다. 한편 고향에서는 그의 땅을 사들인 새 주인이 땅을 둘러보던 중 냇가에서 햇빛을 받아 밝게 반짝이는 물건을 발견했다. 그것은 커다란 다이아몬드였는데, 알고 보니 전설적인 골콘다 광산 위에 자리하고 있었다.

이는 1884년 필라델피아에 있는 템플 대학교를 설립한 초대 총장이자 성직자이자 위대한 연설가 러셀 콘웰Russell Conwell이 특별히 좋아하던 이야기이다. 이 이야기가 콘웰의 고전적 강의 '다이아몬드 밭Acres of Diamonds'에 영감을 불어넣었고, 그는 세계 곳곳에서 6,000회 넘게 이 강의를 했다. 이 이야기가 주는 교훈은 다음과 같다.

"우리의 다이아몬드가 먼 산이나 먼바다에 있는 것이 아니다. 바로 우리 집 뒤뜰에 있으니 캐내기만 하면 된다."

훗날 템플 대학교가 될 곳의 첫 번째 학생이 연설에 깊이 감명을 받아, 교육을 받고 싶지만 학비를 감당할 수 없는 상태로 콘웰 박사를 찾아왔다. 박사는 즉석에서 그를 학생으로 받아들였고, 이후 그는 출세를 거듭하여 유명한 공직자가 되었다. 나는 이 이야기에 깊게 공감한다. 젊은 시절 내가 콘웰 박사의 강연을 처음 읽었을 때 나 역시 그 메시지에서 영감을 얻었고, 지금까지도 그 영감이 이어지고 있기 때문이다. 그리고 잇달아 다이아몬드를 발견하는 행운이 내가 발을 들여본 적도 없는 도시에 마련한 집의 뒤뜰에서 일어났다.

필라델피아로 오다

뉴저지에 살던 젊은이가 필라델피아에 처음 도착한 때는 제2차세계대전 직후인 1945년의 추수감사절 직전이었다. 지금은 고인이 된 쌍둥이 형제 데이비드도 동행했다. 열여섯 살된 두 소년이 부모와 명절을 보내려고 블레어 아카데미에서 버스 편으로 처음 형제애의 도시에 왔다. (당시 열여덟 살이었던 형은 해병대에 복무 중이었고) 부모님은 아드모어 교외의 소박한 주택 3층에 있는 두 칸의 방으로 최근 이사했지만, 이 작은 공간이 적어도 명절을 보내기에는 우리 모두에게 충분했다. 우리는 길모퉁이에 있는 자그마한 호른 앤드 하다트 식당에서 저녁을 먹었다. 그 뒤 방학 기간에 나는 아드모어 우체국에서 야간 근무자로 일했다.

나는 정확히 필라델피아는 아니지만 그 근처에서 첫 번째 다이아몬드를 발견했다. 블레어 아카데미에서 나의 대학진학을 탁월하게 준비해준 덕에 나는 프린스턴 대학교에 입학할 수 있었다. 내가 학비 문제를 해결할 수 있도록 대학교에서는 전액 장학금과 함께 식당 웨이터 일자리를 제공했다. (이번에도 웨이터 일이었다. 내가 확실히 웨이터 일에 소질이 있었던 모양이다!) 나중에는 체육협회 발매창구에서 일했고, 3학년과 4학년에는 그중 한 부서를 관리했다.

여름방학 때마다 아르바이트를 하면서 (지역 증권회사에서 주문원으로도 일했고, 《필라델피아 이브닝 불리틴 Philadelphia Evening Bulletin》의 경찰 출입 기자도 했다) 용돈도 벌 수 있었다. 나는 열심히 일했고 오랜 시간 일했다. 당시 나는 열심히 일하는 것을 좋아했고 (지금도 그렇다) 갖고 싶은 것은 모두 스스로 일해서 얻어야 한다는 소중한 가르침을 안고 성장했다. 나는 오랫동안 일하면서도 일을 '일'이라고 생각해본 적이 없다. 단 한 번 예외가 있었는데 볼링장에서 핀을 세우는 일을 했을 때였다. (정말이지 끝없는 헛수고였다!)

프린스턴 대학교에서 찾아낸 다이아몬드

내가 프린스턴에서 공부하던 기간에 부모님이 별거하게 되었다. 아버지는 뉴욕으로 갔고, 사랑하는 어머니는 건강이 심각하게 악화되어 필라델피아에 남으셨다. 1951년 졸업한 뒤 나는 어머니 곁으로 돌아가고 싶었지만 운명이 이를 가로막았다. (슬프게도 어머니는 1952년에 생을 마감하셨다)

프린스턴에서 짧은 스포츠머리를 한 이 애송이 이상주의자는 아무도 다룬 적 없는 주제에 대해 경제학과 졸업 논문을 쓰기로 마음먹었다. 존 메이너드 케인스도 아니고, 애덤 스미스도 아니며, 카를 마르크스도 아닌 새롭고 신선한 주제를 찾기로 했다. 1949년 12월, 운명이라고밖에는 설명할 길이 없는 일이 일어났다. 논문 주제를 찾던 중 《포천Fortune》지를 펼쳐 116쪽에서 금융상품에 대한 기사(「보스턴의 거대 자본Big Money in Boston」)를 읽게 되었다. 내가 전에 들어본 적이 없는 뮤추얼펀드에 관한 내용이었다. 기사에서는 이 산업이 '작지만 논란이 많다'고 설명했는데, 나는 바로 논문 주제를 발견했다고 생각했다. 그리고 당시에는 알 수 없었지만 이것도 역시 다이아몬드였다.

1년 동안 뮤추얼펀드 산업을 집중적으로 공부한 뒤 나는 논문을 완성해서, 산업의 선도 기업 여러 곳에 보냈다. 그 가운데 한 사람이 월터 모건Walter L. Morgan이었는데, 뮤추얼펀드의 선구자이자 필라델피아에 자리 잡은 웰링턴 펀드의 설립자였으며, 1920년에 프린스턴을 졸업한 동문이었다. 그는 내 논문을 읽고 몹시 마음에 들어서 곧바로 답장을 보내왔다.

"실무경험이 전혀 없는 대학생이 쓴 논문치고는 대단히 훌륭한 작품입니다. 우리는 이 논문을 보고 보글 씨를 우리 회사에 채용하기로 했습니다."

1951년 (논문 덕에 우등으로) 졸업 직후부터 나는 일하기 시작했으며, 결코 뒤를 돌아본 적이 없었다. 나는 이후 내내 그곳에서 근무했다. 월터 모건이 사망한 뒤 그와 가장 가까웠던 동료가 내게 말해준 바에 따르면 아들이 없던 그가 나를 아들로 여겼다고 한다. 그 말이 사실인지 나로서는 알 길이 없다. 하지만 분명 그는 내게 아버지와 같은 존재였다. 그는 나의 성실하고 믿음직한 스승이 되었고, 나의 오랜 직장생활에 첫 돌파구를 열어주었다. 게다가 모건은 나에게 바위와 같은 존재였다. 내가 자신을 확신하지 못할 때에도 그는 나를 믿어주었고, 잇따르는 승리와 좌절을 모두 극복할 수 있도록 내게 힘을 불어넣어 주었다.

1951년 내가 웰링턴 자산운용에 입사했을 때 이 회사는 규모가 작은 산업에서 비중 있는 회사였으며, 운용하는 펀드가 웰링턴 펀드 하나였지만 자산규모는 1억 5,000만 달러나 되었다. 우리 회사는 빠르게 성장했다. 1960년대 초가 되자 나는 사업의 모든 측면에 깊숙이 개입하게 되었고 곧 월터 모건의 후계자가 되었다. 내가 35세가 되던 1965년 초, 그는 내가 그의 뒤를 이어 회사의 대표가 될 것이라고 말해주었다. 또다시 다이아몬드를 발견한 셈이다! 많은 다이아몬드가 아직도 내 발아래 묻혀 있지만 회사가 곤경에 처해 있었고, 모건은 '필요한 수단을 모두 동원해서' 투자 운용 문제를 해결하라고 말했다.

하늘이 무너져도
솟아날 구멍이 있다

완고하고 충동적이며 어리숙했던 나는 우선 보스턴 지역에서 합병 파트너를 찾았는데, 그가 내가 이루고자 하는 것을 도와줄 수 있기를 바랐다. 1966년 6월 6일 합병계약서에 서명이 완료되었다. 끓어오르는 강세장 덕에 합병은 1973년 초까지 순조롭게 유지되었다. 그러나 약세장이 찾아와 주식시장이 고꾸라지자 (마침내 주가가 50%나 하락했다) 새로 파트너가 된 공격적인 젊은 펀드 매니저와 나, 모두 펀드 투자자들을 실망시키게 되었다. (우리 펀드 중 하나는 자산가치가 75%나 폭락했다!)

1974년 말이 되어 약세장이 큰 타격을 주자 펀드 투자자들이 대량으로 이탈했고, 우리가 운용하는 자산규모가 30억 달러에서 13억 달러로 추락했다. 파트너와 내가 싸우게 된 것도 놀랄 일이 아니다. 그러나 상대편이 이사회에서 나보다 표를 많이 얻었기 때문에 나는 내 회사라고 생각했던 곳에서 쫓겨나게 되었다. 게다가 이들은 회사를 통째로 보스턴으로 옮길 생각이었다. 나는 이를 막기로 했다.

나는 필라델피아를 사랑했다. 나를 받아주고 그토록 친절을 베풀어주었기 때문이다. 나는 이곳에 뿌리를 내렸고, 상상도 못 할 다이아몬드를 더욱 많이 발견했다. 1956년 나는 필라델피아에서 태어나고 자라난 사랑하는 아내 이브와 결혼했고, 1971년에는 여섯 자녀를 거느리는 축복을 받았다. (그 결과 훌륭한 손자 손녀 열둘을 두게 되었다) 우리는 이곳에 그대로 머물 생각이었고, 내게는 모종의 계획이 있었다. 웰링턴의 직장 경력에서는 하늘이 무너졌지만, 내가 필라델피아에 머물 수 있도록 큼직한 구멍이 뚫려 있었기 때문이다.

이 방법은 쉽지 않았다. 누군가 내가 '이상주의자의 완고함과 전사의 영혼'을 지녔다고 말한 적이 있는데, 이런 두 가지 속성이 없었다면 나는 시도해보지도 않았을 것이다. 길고도 처절한 투쟁 끝에 나는 (주주들이 지배하는) 웰링턴 펀드와 (나를 해고한 파트너들이 주로 지배하는) 웰링턴 자산운용의 지배구조를 약간 변경하여 새로운 일자리를 만들어낼 수 있었다. 그리고 이로부터 내가 상상도 하지 못했던 다이아몬드를 더 발견하게 되었다.

분규

　펀드 이사회의 이사 대부분은 웰링턴 자산운용과 무관했으므로, 나는 이들에게 펀드가 자기 자신을 지배하는 전례 없이 독특한 지배구조를 채택하라고 제안했다. 아이디어는 간단했다. 펀드가 스스로 관리해서 거금의 수수료를 절약할 수 있는데, 외부 회사를 고용해서 관리를 맡길 이유가 없다는 뜻이다. (그러나 외부 회사 고용이 당시나 지금이나 투자 산업의 관행이다) 뮤추얼펀드가 진정한 상호회사가 될 수 있다는 말이다. 펀드 이사회가 거의 같은 수로 의견이 갈렸으므로, 바쁘게 소모적인 논쟁을 벌이면서 무려 8개월 동안 치열한 전쟁을 벌였다. 그러나 이 새로운 구조가 드디어 승리를 거두었다.[*]

　나는 새 회사 이름을 뱅가드Vanguard로 지었는데, 이는 1798년 나일 해전에서 나폴레옹의 함대에 대승을 거

---

[*] 웰링턴 펀드 사외이사그룹 의장단, 고(故) 찰스 루트(Charles D. Root) 주니어 생크스(Jr. Thanks) 척(Chuck)의 단호한 지지가 없었다면 좋은 결과가 절대로 나올 수 없었다. 이분들이 없었다면 뱅가드는 존재하지 않았을 것이다.

둔 영국 호레이쇼 넬슨의 기함 HMS 뱅가드HMS Vanguard에서 따온 것이다. 나는 전쟁에서 단련된 뱅가드 그룹이 뮤추얼펀드 전쟁에서 승리를 거둘 것이며, 우리 뱅가드가 사전에서 말하듯이 '새로운 추세의 선도자'라는 메시지를 전하고 싶었다. 그러나 펀드 이사들이 뱅가드에 대해서 펀드의 법적 재무적 업무와 운영 등 관리업무만 허용했으므로, 나의 아이디어는 좌절되고 말았다. 1975년 관리업무를 시작했을 때 우리는 투자관리와 마케팅 업무를 수행할 수 없었는데, 뮤추얼펀드의 3대 서비스 가운데 이들이 훨씬 더 중요한 두 가지 업무였다. 원통하게도 이러한 핵심 서비스는 웰링턴 자산운용의 경쟁자들이 계속 제공하게 되었다.

완벽한 회사가 등장하다

뱅가드가 성공에 도전할 기회라도 얻으려면 다른 모든 펀드 종합회사와 마찬가지로 우리도 관리, 투자, 마케팅 서비스의 권한을 모두 확보해야 하는 상황이었다. 그래서 우리는 다이아몬드를 또 찾아내야 했다. 우리는 곧 코

이누르 다이아몬드(영국 왕실 소장의 세계 최대 다이아몬드)
에 견줄 만한 거대한 다이아몬드를 발견했다. 투자관리
업무가 뱅가드의 권한에서 제외되어 있다는 사실 때문에
나는 몇 달 뒤 기발한 아이디어를 개발하게 되었다. 이
아이디어는 내 졸업논문에서 제시된 적이 있었는데, 나
는 논문에 뮤추얼펀드가 '시장 평균보다 우월하다고 주
장할 수 없다.'라고 썼었다. 1975년이 저물기 전에 우리
는 세계 최초의 인덱스 뮤추얼펀드를 개발했다.

　이 아이디어는 단순함의 정수를 보여주었다. 포트폴리
오는 시장 비중을 기준으로 스탠더드 앤드 푸어스500주
가지수Standard & Poors 500 Stock Index, S&P500의 모든 종목을
보유하며, 이 지수 수익률을 정밀하게 추적한다. 우리의
인덱스펀드는 오랫동안 조롱받았고, 거의 10년이 지나도
록 모방상품조차 등장하지 않았다. 퍼스트 인덱스 인베

＊ 엄밀한 정의에 따르면, 우리가 실제로 관리하는 '진정한' 인덱스펀드는 45개이다.
　다른 펀드 37개도 탁월한 펀드매니저들이 건전하게 운용하고 있지만, 나는 이들
　을 '유사' 인덱스펀드로 간주한다. 대부분 아주 적은 비용만 부과하는 채권 펀드
　및 MMF로서, 만기 및 품질 기준을 엄격하게 적용하고 있으며, 채권시장을 정밀하
　게 추적하면서 적절하게 관리하고 있다.

스트먼트 트러스트First Index Investment Trust라는 이름(지금은 뱅가드 500인덱스펀드)으로 출시된 새 펀드는 자산 1,100만 달러로 시작되었으며, '보글의 바보짓'이라는 별명이 붙었다.

그러나 이 펀드는 정당성을 보여주었다. 첫 번째 인덱스펀드는 점차 수익이 복리로 증가하여 전통적 주식형 펀드보다 훨씬 높은 수익을 올렸고, 세계에서 가장 큰 뮤추얼펀드가 되었다. 오늘날 뱅가드 500을 포함한 82개 인덱스펀드가 뱅가드의 1조 3,000억 달러 자산 가운데 거의 1조 달러를 구성한다.*

따라서 시편 118편의 말씀대로, 새 회사는 '건축자의 버린 돌이 집 모퉁이의 머릿돌이 되었다'. 그러나 우리의 새로운 회사의 탄생은 지극히 연약한 것이었다. 우리가 권한 범위를 넘어서지 않았다는 주장은 이사회에서 간신히 승인되었다. 나는 인덱스펀드의 비결이 '운용'이 필요 없다는 점이라고 주장했다. 단순히 S&P500지수 종목을 모두 사들이기 때문이다. 그러나 이런 유사 운용을 통해서 우리는 3대 펀드 서비스의 두 번째 요소인 운용 부문에 진입할 수 있었다.

이제 세 번째이자 마지막 요소인 마케팅 기능으로 우

리의 권한을 어떻게 확대할 것인가? 이번에도 또 다이아몬드를 찾으면 된다! 그리고 우리는 다이아몬드를 찾아냈다. 거의 반세기 동안 웰링턴 주식을 판매해온 주식중개인 네트워크를 포기하고 판매자에게 의존하는 대신 투자자가 스스로 매수하도록 유도함으로써, 유통의 필요성 자체를 없애버린다는 아이디어였다. 이런 현저한 변화에는 엄청난 위험이 따랐지만, 기회 역시 엄청났다.

또다시 치열한 전쟁을 벌여 가까스로 이사회 결정을 얻어낸 뒤, 1977년 2월 7일 우리는 하룻밤 사이에 선취 판매수수료가 없는 새로운 마케팅 시스템으로 전환했다.

이번에도 우리는 뒤를 돌아보지 않았다. 그럴 필요가 전혀 없었다. 우리의 특징이 된 이례적으로 낮은 운용비용으로 판매수수료 없이 주식을 제공하는 방식은, 갈수록 소비자 선택과 가치 추구가 주도하는 세상에서 논리적이고도 시기적절한 조치였던 것으로 밝혀졌다.

우리 마케팅 전략의 좌우명은 '우리가 세우면 고객이 찾아온다'였다. (옥수수밭에 야구장을 만들면 선수들이 찾아온다는 영화 〈꿈의 구장Field of Dreams〉을 연상시키는 구절이다) 우리가 세운 것이 완전한 결실을 맺기까지는 수년이 걸렸으나, 투자자들은 결국 찾아왔다. 처음에는 수천 명이었고, 그다음에는 수백만 명이었다.

최후의 법정에서 얻은
놀라운 승인

그러나 뱅가드가 투쟁 기간에 모은 다이아몬드는 아직 우리 손에 완전히 들어오지 않았다. 단지 임시로 보유하는 상태였다. 우리가 중대한 절차를 밟을 수 있도록 증권거래위원회SEC가 일시적인 허가만 내주었기 때문이다. 믿기 어렵겠지만, 일주일에 걸친 지루한 심리를 거친 뒤 증권거래위원회는 우리의 전례 없는 계획에 대해 불리한 판정을 내렸다. 우리가 투자자들을 위해 옳은 일을 한다고 믿었던 나는 아연실색하여 격렬하게 항소했고, 무려 4년이나 이어진 투쟁 끝에 증권거래위원회는 태도를 바꿔 우리 계획을 승인했고 마침내 1981년에 우리는 승리를 거두었다. 증권거래위원회는 다음과 같은 미사여구까지 동원하며 우리 손을 들어주었다.

뱅가드의 계획은 … 실제로 1940년 투자회사법의 목적을 증진하고 ... 주주에 대한 공개요건을 개선하며 ... 펀드의 독립성을 명백히 강화하고, 펀드가 발전할 수 있도록 건전하고 지속가능한 뮤추얼 펀드 시스템을 구축한다.

증권거래위원회의 작별인사는 어느 모로 보나 선견지명이 있었음을 드러낸다.

이렇게 해서 다이아몬드는 보스턴으로 넘어가지 않았다. 마침내 영원히 우리 손에 들어왔다. 더 정확히 표현하자면, 1928년 웰링턴이 태어나고 1974년 뱅가드가 태어난 본고장 필라델피아의 주주들 손에 마땅히 들어왔다. 당신은 내 골콘다의 다이아몬드 창고가 마침내 바닥났다고 생각했을지도 모른다. 그러나 기적적으로, 아직 내가 발견하지 못한 또 하나의 다이아몬드가 기다리고 있었다.

심장 이식

역설적이게도, 내가 발견한 다음 다이아몬드 역시 내 뒤뜰에 있었지만, 이번에는 새 심장이었다. (우리 모두 알고 있듯이, 카드게임에서는 하트가 항상 다이아몬드를 누른다. 인생에서도 마찬가지이다!) 1960년 첫 발작을 일으킨 이후 내 심장은 수십 번 발작을 일으켰다. 1995년이 되자 나의 시간도 거의 저물어가고 있었다. 내 심장이 절반만 가동되고 있었기 때문이다. 그해 가을 나는 필라델피아의 하네만 병원에 입원했고, 1996년 2월 21일 마침내 새 심장을 이식받았다.

내 지친 심장이 완전히 멈추기 불과 몇 달, 몇 주, 심지어 며칠 전이었다. 심장 자극제를 공급하는 정맥 주사선을 24시간 내내 꽂은 채 병원에서 128일을 기다린 뒤였다. 충격적인 상황이었는데도, 이상하게도 나는 죽는다는 생각을 결코 해본 적이 없었다. 내가 살아난다고 생각한 적도 역시 없었다. 어느 쪽을 기대하더라도 합리적인 생각은 아니었을 것이다. 하지만 나는 살아났고, 익명의 기증자가 준 생명의 선물이 지금 내 몸속에서 고동치고 있다. 수호천사가 되어준 의사와 간호사의 보살핌 덕분에 나는 현재 10년 넘게 최상의 건강을 누리고 있는데, 이것이 내가 지구상의 누구보다도 많은 축복을 받았다고 확신하는 또 다른 이유이다. 과연 '내 집 뒤뜰에 엄청난 다이아몬드 밭'이 있었다. 콘웰 박사, 당신 말이 맞았소!

거짓 보물과
진정한 보물

  나는 인생과 직장에서 발견한 다이아몬드에 대해 당신에게 말하게 되어 매우 기쁘다. 당신도 풍족한 다이아몬드의 축복을 받았고, 잠시 멈춰 서서 둘러보기만 해도 수많은 다이아몬드를 발견하리라 확신하기 때문이다. 그러나 콘웰 박사의 우화에 나오는 부유한 농부처럼, 우리는 거짓 보물을 찾느라 바로 우리 발밑에 묻혀 있는 보물을 보지 못하는 경우가 너무나 많다.

  나는 정말이지 훌륭한 인생을 살아가기에 충분할 정도로 많은 다이아몬드를 받았다. 그리고 나는 내 인생이 가족, 회사, 산업, 사회에 유익했기를 희망한다. 그러나 21세기 초에 들어서서 나는 우리 사회가 잘못된 방향으로 나아가고 있다는 심각한 우려가 들었다. 이 우려는 책의 시작 부분에 실은 데이비드 브룩스의 제사題辭, epigraph에도 매우 아름답게 표현되어 있다. 커트 보니것과 조지프 헬러도 같은 생각일 것이다. 셸터 아일랜드에서 이들은 돈과 투자라는 맥락에서 '충분하다'라고 말했지만, 이들의 작품은 우리가 당연하게 받아들이게 된 모순과 불공정에 대한 우리 사회의 모습을 보여주는 거울이기도 하다.

현행 금융시스템에서 우리는 금융시장이 가져다주는 수익률에만 기대를 집중할 뿐, 금융시스템이 빼가는 터무니없는 비용, 엄청난 투기적 거래에서 발생하는 과도한 세금, 도를 넘어선 정부 지출에서 발생하는 인플레이션이 수익률을 엄청나게 망쳐놓는다는 사실을 무시하고 있다. 우리는 '어리석은 단기투기'에 빠져 '현명한 장기투자'를 멀리한다. 우리는 '단순함'이라는 진정한 다이아몬드를 무시하고, 대신 '복잡성'이라는 모조 다이아몬드를 쫓는다.

사업에서도 우리는 신뢰하고 신뢰받기보다는 숫자만을 지나치게 강조한다. 그래서는 절대 안 되는데도, 우리는 직업에서 가치를 추구하는 대신 실적만을 추구한다. 우리는 제품과 서비스를 생산하는 기업들이 오랫동안 제쳐두었던 직업적 가치를 되찾도록 격려해야 한다. 마케팅과 세일즈라는 거짓 보석은 넘칠 정도로 충분하지만, 신뢰와 책임이라는 진정한 보석은 우리에게 부족하다. 우리는 바른 일을 하는 리더처럼 생각하지 못하고 단지 일을 바르게 하는 관리자처럼 생각한다.

인생에서도 우리는 착각에 빠져 현실을 보지 못하는 경

우가 너무나 많다. 우리는 물질에 지나치게 집중한 나머지 소중한 무형적 가치를 충분히 보지 못한다. 성공(나는 성공을 좋아해본 적이 없다)에 지나치게 집중한 나머지 인격을 충분히 보지 못한다. 그러나 인격이 없으면 성공은 아무 의미가 없다. 요구가 있으면 즉각 만족시켜야 하고 즉각 정보를 축적해야 하는 21세기의 압박 속에서 우리는 18세기의 계몽적 가치를 망각했다. 개인적 만족이라는 잘못된 개념에 눈이 멀어 우리 자신과 사회에 의미를 부여한다는 소명의식을 상실했다.

소크라테스의 촉구

나는 전국을 돌며 공개토론장에서 이런 주장을 펼칠 때마다 《뉴요커》 잡지에 등장하는 선지자가 된 기분이다. ("종말이 다가왔으니 회개하라!") 나의 메시지는 주류도 아니고 전혀 새롭지도 않다. (기업과 금융기관 대표들은 대개 달갑지 않게 받아들였다) 2,500년 전 소크라테스도 거의 같은 메시지를 아테네 시민들에게 전달하며 촉구했다.

여러분을 사랑하고 존경합니다. 그러나 이 위대하고 강력한 나라의 시민인 여러분이 돈과 명예와 명성을 쌓는 일에는 그토록 마음을 쏟으면서, 지혜와 진리를 구하고 영혼을 개선하는 일에는 그토록 마음을 쓰지 않는 이유가 무엇입니까? 여러분은 부끄럽지도 않습니까? … 저는 단지 여러분에게 자신과 재물을 생각하지 말고, 먼저 영혼을 개선하는 일에 주로 마음을 쏟으라고 설득할 뿐입니다. 돈으로는 덕을 살 수 없지만, 덕이 있으면 돈과 인간의 온갖 선행을 얻을 수 있습니다.[2]

나는 소크라테스와는 전혀 상대되지 못한다. 그러나 마음껏 즐기며 놀랍도록 축복받은 79년의 인생을 살아오면서 나도 소크라테스처럼 돈에 대해서, 우리가 사업과 직업적 소명에 대해 느껴야 하는 긍지와 수치에 대해서, 인생의 진정한 보물과 거짓 보물에 대해서, 나름대로 강력한 소신을 갖게 되었다. 커트 보니것의 표현을 빌리면, 약간의 인간성으로 독자들의 마음을 중독시키려는 희망을 품고 나도 이러한 의견을 여기에 제시하고자 한다.

MONEY

PART I

돈에 대한 태도

1장 _____

비용만 높고
가치는 부족하다

19세기 영국의 훌륭한 경구부터 소개하겠다.

어떤 사람들은 자기 손을 써서 자연으로부터 생계를 꾸려나간다. 이것을 일이라고 부른다.

어떤 사람들은 자기 손을 써서 자연으로부터 생계를 꾸려나가는 사람을 통해서 생계를 꾸려나간다. 이것을 사업이라고 부른다.

어떤 사람들은 자기 손을 써서 자연으로부터 생계를 꾸려나가는 사람을 통해서 생계를 꾸려나가는 사람을 통해서 생계를 꾸려나간다. 이것을 금융이라고 부른다.[1]

오늘날에도 이 강력한 경구는 금융시스템과 경제 전반이 맺고 있는 관계의 실상을 제대로 묘사한다.

우리 금융시스템에 적용되는 다음의 철통같은 규칙을 나는 루이스 브랜다이스Louis Brandeis 판사의 표현을 빌려 '간단한 산수의 잔인한 법칙'이라고 부른다.

- 금융시장에서 발생하는 총수익에서 금융시스템의 비용을 빼면 실제로 투자자들에게 돌아가는 순이익이 나온다.
- 따라서 주식시장과 채권시장에서 아무리 후한 수익이 발생하더라도 금융시스템이 막대한 비용을 뗀 뒤에야 투자자들에게 전달하므로, 이런 비용 때문에 사람들이 은퇴를 대비해서 모으는 저축이 계속해서 심각하게 잠식된다.
- 금융시스템이 가져가는 몫이 커질수록 투자자들에게 돌아가는 몫은 작아진다.
- 오늘날 투자의 거대한 먹이사슬에서 투자자는 가장 밑바닥에 놓여 있다.

따라서 위의 명백한 요점들을 정리하면 핵심은 이렇다.

결국 금융시스템은 우리 사회로부터 가치를 빼간다.

이것이 바로 현대 금융시스템의 현주소이며, 이런 모습은 오랜 기간에 걸쳐 형성되었다. 금융 부문이 수십 년에 걸쳐 성장하면서 미국 경제에서 가장 큰 단일 부문이 된 것과 마찬가지다. 지금 우리가 사는 시대에는 노동하지 않고 돈을 버는 사람들이 너무나 많다. 우리는 중개인들에게 실제로 돈을 지불하고 이 사람 저 사람과 주식 및 채권을 바꾸면서 단지 종잇조각을 거래할 뿐이다. 이 과정에서 우리가 더욱 복잡한 파생상품을 만들어내면서 비용이 더욱 증가했고, 난해하고도 거대한 위험이 금융시스템에 축적되었다.

워런 버핏의 현명한 파트너 찰리 멍거가 다음과 같이 솔직하게 말했다.

> 대부분 자금 운용 활동은 사회에 매우 해로운 영향을 미치고 있습니다. … 고비용 운용 형태가 더욱 인기를 끌게 되었습니다. … 이 때문에 나라의 도덕적인 젊은 인재들이 고객에게 더 많은 가치를 제공하는 일을 제쳐두고, 보수 좋은 자금 운용 분야로 몰려들고 있습니다.[2]

멍거는 사회로부터 막대한 가치를 빼가는 분야에 젊은 인재들이 홍수처럼 몰려드는 모습을 보고 걱정하는데, 나 역시 동감이다. 대학생들에게 강연할 때 나도 똑같은 말을 자주 한다. 그러나 대놓고 자금 운용 분야로 가지 말라고 하지는 않는다. 말만으로는 그렇게 수익성 높은 분야로 진출하려는 사람을 막을 수 없기 때문이다. 그래서 나는 졸업생들에게 먼저 세 가지 경고에 대해서 생각해보라고 말한다. 그리고 당신의 직업이 무엇이든, 당신도 이 세 가지 경고에 대해서 생각해보기 바란다. 덧없는 우리 인생에 어떻게 적용할 것인지, 어떻게 '충분'을 뛰어넘어 만족과 행복을 추구할 것이며, 다른 사람들에게 충분한 것 이상으로 선을 베풀기 위해서 어떻게 노력할 것인지 생각해보기 바란다.

예언자적 예상

금융 부문이 호황의 절정에 도달했던 2007년 5월, 나는 조지타운 대학교 졸업식 연설에서 다음과 같이 세 가지 경고를 전했다.

첫째, 여러분이 금융 분야로 진출하게 된다면 고객으로부터 가치를 빼가는 일이 없도록 두 눈 크게 뜨고 주의하십시오. 지금보다 어려운 시기가 오면 자승자박하는 꼴이 될 것이기 때문입니다. 월스트리트에는 '돈에는 양심이 없다'는 말이 있습니다. 그러나 이런 낡은 소리에 넘어가서 여러분의 양심을 속여서도 안 되고, 여러분의 행동이나 인격이 변질하여서도 안 됩니다.

둘째, 몇십 년 뒤 은퇴 자금을 모으기 위해서 투자를 시작한다면, 금융업계에서 빼가는 비용을 최소화하는 방법으로 투자하십시오. 아전인수 격으로 들릴지 모르지만, 비용이 낮은 미국 및 세계 주식시장 인덱스펀드(뱅가드 모델)에 투자하시기 바랍니다. 하지만 이것이 우리 금융시장이 푸짐하게 제공하는 수익에서 여러분이 공정한 몫을 보장받는 유일한 방법입니다.

셋째, 여러분이 어떤 직업을 선택하든, 전통적인 직업적 가치를 높게 유지하도록 최선을 다하십시오. 고객을 섬기는 것이 항상 최우선 과제이지만, 지금은 이런 가치가 빠르게 손상되고 있습니다. 그리고 우리 사회, 국가, 세계에 봉사해야 한다는 점을 명심하십시오. 윌리엄 펜

William Penn(필라델피아를 건설한 영국의 신대륙 개척자)은 말했습니다.

"우리는 이 세상을 단 한 번만 거쳐 가므로, 우리가 할 수 있는 선행과 베풀 수 있는 친절을 지금 실천하라. 이 기회는 다시 오지 않기 때문이다."

내가 연설에서 던진 경고는 무서울 정도로 정확했을 뿐 아니라 시점도 놀라울 정도로 맞아떨어졌다.

"고객으로부터 가치를 빼가는 일이 없도록 두 눈 크게 뜨고 주의하십시오. 지금보다 어려운 시기가 오면 자승자박하는 꼴이 될 것이기 때문입니다."

금융 산업은 스스로 만든 폭탄에 산산조각이 나버렸다.

내가 연설을 하고 겨우 두 달이 지난 2007년 7월, 씨티그룹, 메릴린치, 베어스턴이 주도하던 금융 부문이 무너지기 시작했다. 이들은 스스로 만들어낸 위험하고 무모하며 복잡하고 비용 높은 금융상품들에 발등을 찍혔기 때문이다. 재무상태표에서 대규모 상각이 발생했다. 2008년 중반 현재 상각 규모가 무려 9,750억 달러에 이르는데 상각은 아직도 끝나지 않았다.

금융이
생계를 꾸려나가는 방식

조지타운 대학교 연설에서 내가 지적한 내용 중에는 2006년 S&P500지수에 포함되는 500대 기업이 올린 이익 7,110억 달러 가운데 2,150억 달러가 금융에서 발생했다는 사실이 포함돼 있다. 이는 무려 30%나 되는 비중인데, 제너럴일렉트릭 같은 대형 제조업체가 보유한 금융 자회사까지 포함할 때는 아마도 35% 이상이 될 것이다.

우리 경제와 주식시장에서 금융회사들이 차지하는 비중은 놀라운 수준이다. 금융회사들의 이익은 수익성 높기로 이름난 에너지 기업과 기술 기업들의 이익을 모두 합친 것보다도 많고, 요즘 호황을 맞이하고 있는 의료 부문과 대형제조업체들의 이익을 합친 것보다도 약 3배나 많다.

2007년 말 기준으로 금융 부문 이익은 거의 절반이나 폭락하여 연 1,230억 달러로 떨어졌다. 그래서 S&P500대 기업 전체의 이익 6,000억 달러 가운데서 금융 부문이 차지하는 비중도 30%에서 17%로 줄어들었다. 게다가 그해 S&P500대 기업의 이익 감소는 90% 이상이 금융 부문에서 발생했다. 이런 대학살은 2008년 내내 계속되었다. 이런 것을 인과응보라고 한다.

그러나 정말로 인과응보일까? 고객들은 금융회사가 만들어낸 위험한 채권에 투자하여 수천억 달러를 잃었고, 대량 해고가 본격적으로 진행되고 있다. 금융 부문에서 이미 20만 명이 넘는 직원들이 일자리를 잃었다. 그런데도 금융회사 임원들은 여전히 엄청나게 높은 보수를 받고 있다.

출처가 의심스럽기는 하지만, 내가 최근 읽은 글 가운데는 주택저당증권 시장이 붕괴한 뒤 한 금융회사 임원이 직원들에게 다음과 같이 말한 내용이 있다.

"여러분에게 나쁜 소식과 좋은 소식이 있습니다. 나쁜 소식은 우리가 막대한 돈을 날렸다는 사실입니다. 좋은 소식은 우리가 날린 돈 가운데 실제 우리 돈은 한 푼도 없다는 사실입니다."

이 이야기를 보면 금융 산업에 좋은 일이 대개 우리에게는 나쁜 일임을 알 수 있다.[*]

회사를 망치고도
거금을 벌다

최근 혼란기에 주요 금융회사 CEO들이 고객과 주주들
을 모두 실망시키고 나서 받은 보상을 살펴보자.

- 씨티그룹의 CEO 찰스 프린스Charles Prince가 2003년 10
  월 회사를 맡았을 때, 씨티그룹 주식은 47달러였다. 이
  후 몇 년 동안은 은행이 잘 운영되었지만, 투자 포트폴
  리오의 위험이 너무 커져서 5년 뒤 붕괴했고, 지금까지
  상각 규모가 무려 210억 달러에 이르렀다. 씨티그룹의
  주당 이익은 2006년 4.25달러에서 2007년 0.72달러로
  폭락했고, 주가는 이 글을 쓰고 있는 시점에 약 20달러
  이다. 프린스는 실적이 좋았던 시절에 노고의 대가로 1

---

* 우리는 모든 금융회사가 고객의 이익을 자신의 이익보다 앞세우는 것이 아님을
  알 수 있다. 골드만삭스의 고위 임원이었던 존 테인(John Thain)이 2007년 말 메
  릴린치의 CEO가 되자 그 회사는 무엇이 다르냐는 질문을 받았다. 그는 "메릴린치
  는 정말로 고객의 이익을 앞세웁니다."라고 대답했다. 이 주장이 맞는지는 여러분
  스스로 판단해야 할 것이다.

억 3,800만 달러를 받았지만, 이후 발생한 재난에 대해서 아무런 대가도 치르지 않았다.[3] (프린스는 2007년 11월에 사임했다)

- 메릴린치의 CEO 스탠리 오닐Stanley O'Neal의 경우도 비슷하다. 회사가 투자 포트폴리오에 떠안은 위험이 2007년 말 폭발했고, 190억 달러가 상각되었다. (추가 상각이 예상된다) 메릴린치가 연간 순손실이 주당 10.73달러라고 발표하자, 주가는 95달러에서 20달러 밑으로 고꾸라졌다. 그런데도 오닐이 2002~2007년 동안 받은 보상 1억 6,100만 달러는 아무 영향이 없었으며, 2007년 10월 사임할 때 이사회로부터 퇴직금을 전액 지급받았다.[4] (추가로 1억 6,000만 달러를 받았으므로 총 3억 2,100만 달러를 받은 셈이다)

- 아마도 가장 터무니없는 경우가 베어스턴스의 CEO 제임스 케인James E. Cayne인데, 투자은행업계의 강자인 이 회사 주가가 12달러에서 165달러로 상승한 1993~2006년 동안 그는 약 2억 3,200만 달러를 받았다.[5] 그러나 회사의 투자 포트폴리오가 위험은 크고 유동성은 매우 낮은 데다가 레버리지까지 높아서 (자산이 자본의 약 35배였다) 베어스턴스는 파산 직전까지 몰렸다. 이 회사

를 JP모건 체이스JPMorgan Chase에 주당 2달러에 (결국은 10달러로 상승했다) 인수시키기 전에 연방준비제도는 포트폴리오의 가치 대부분을 보증할 수밖에 없었는데, 주주지분의 고점 대비 손실이 약 250억 달러였다. 하지만 케인에게는 수백만 달러의 상여금이 이미 지급된 뒤였다. (그가 베어스턴스에 투자한 증권의 가치가 한때 10억 달러에 이른 적도 있지만, 2008년 그가 주식을 매각할 때는 6,000만 달러로 폭락했다. 하지만 주주들이 입은 끔찍한 손실과 베어스턴스에서 쫓겨난 무고한 직원 수천 명을 생각하면, 우리 대부분은 그 돈도 너무 많다고 생각할 것이다.)

윈스턴 처칠의 표현을 빌리면 "그토록 업적이 적은 사람들에게 그토록 많은 보상을 지급한 적은 결코 없었다."

앞면이면 내가 이기고 뒷면이면 네가 진다

지난 수십 년 동안 (투자자들로부터 부당하게 많은 비용을 빼내서) 금융회사 대표들이 엄청난 부자가 되었지만, 이들의 재산도 성공한 헤지펀드 매니저들이 모은 재산에 비하면 새 발의 피다. 2007년 한 해에만도 50대 고소득 헤지펀드 매니저들이 올린 수입은 모두 290억 달러에 이른다.[6] (단위가 '억 달러'이다) 한 해에 3억 6,000만 달러를 벌지 못하면 소득 상위 25명에 들어가지도 못한다. 월스트리트든, 경마장이든, 라스베이거스든, 판이 크면 도박사나 투기꾼이나 막대한 보상을 얻는다.

《뉴욕타임스》에 따르면 2007년 최고 소득을 올린 헤지펀드 매니저는 존 폴슨John Paulson이었는데, 무려 37억 달러를 벌었다. 그의 회사 폴슨앤드컴퍼니Paulson & Company는 특정 주택저당증권이 하락하는 쪽으로 돈을 걸어 고객에게 200억 달러 넘게 벌어주었다고 한다. (뒤에 자세히 설명하겠다) 투기에서 이렇게 엄청난 성공을 거두어 고객들에게 돈을 벌어주고 보상을 받았는데 누가 폴슨을 탓하겠는가?[*]

나는 아니다. 헤지펀드 매니저가 챙긴 막대한 보상에 대해 내가 불만스러워하는 이유는 보상의 불균형 때문이다. 투기에서 이긴 쪽 펀드매니저가 큰 보상을 받은 것은 좋지만, 진 쪽도 아무런 불이익을 받지 않았다. 예를 들어 폴슨의 회사가 주택저당증권이나 부채담보부증권CDO

이 폭락하는 쪽으로 돈을 걸어 도박에서 실제로 돈을 벌었다면 (신용부도스왑이라는 고약한 투기에서 방향을 맞힌 경우도 마찬가지이다) 어떤 회사는 부채담보부증권이 상승하는 쪽으로 돈을 걸어 도박에서 돈을 날렸을 것이다. 하지만 우리가 알기로는 돈을 날린 펀드매니저들도 고객들에게 200억 달러를 돌려주지 않았다. 따라서 금융시스템에서 막대한 비용이 발생했고, 고객들은 거덜 났는데도 내부자들은 이득을 보았다.

가상의 예를 생각해보면 더 분명하게 이해할 수 있다. 당신이 헤지펀드에 투자하는 펀드 오브 펀드에 투자했다고 가정해보자. 두 명의 펀드매니저가 각각 절반씩 운영하며, 앞서 언급한 거래의 양쪽에 포지션을 잡고 있다. 그러면 한 사람은 30%를 벌었고 다른 사람은 30%를 잃

---

* 나는 연방정부가 헤지펀드 매니저의 이른바 성과보수(carried interest)에 최대 15% 세율을 적용하는 것에 대해 시기한다. 시민들이 열심히 일해서 버는 훨씬 낮은 소득에 대해서도 대개 2배 이상인 연방 표준세율이 적용되므로, 이렇게 낮은 세율은 시민에 대한 모독이다. 게다가 내가 알기로는 절세계획을 잘 짜면 성과보수에 대해 세금을 내지 않고 수익을 계속 올리면서 나중에 인출할 때까지 소득세 납부를 연기할 수 있다. 헤지펀드 매니저들이 고용한 로비스트들이 넉넉한 자금을 동원하여 의회의 조세개혁을 막아낸 것도 놀랄 일이 아니다.

었으므로, 펀드 오브 펀드의 실적은 본전이다. 그러나 수익을 낸 펀드매니저에게 수익 30%의 20%, 즉 6%를 성과보수로 지급하고 여기에 운용 수수료 2%를 더해 총 8%를 지급한다. 돈을 잃은 펀드매니저에게도 운용 수수료 2%를 지급하므로, 전체 계좌에 대해 평균 5%의 수수료를 지불한 셈이 되었다. 이어서 펀드 오브 펀드의 매니저에게도 추가로 2%를 지급한다. 따라서 포트폴리오의 투자실적은 (비용 공제 전) 제로인데도, 당신은 자본의 7%를 잃게 되었다. 또다시 금융 산업이 승리하고 투자자는 패배한다.

인재 유출

최근 헤지펀드 매니저들이 엄청난 소득을 올리고 투자은행 직원들이 막대한 급여와 보너스를 받자, 전국의 비즈니스 스쿨 졸업생들이 청운의 꿈을 안고 월스트리트로 몰려들고 있다. 찰리 멍거 같은 사람들이 경고의 메시지를 던지는데도 금융시장이 탄력을 잃은 이 시점에조차 금융 부문으로 몰려드는 젊은 두뇌의 물결이 갈수록 홍수를 이루고 있다. 국제재무분석사CFA의 수가 8만 2,000 명으로 기록적인 수준에 도달했고, 《배런스Barron's》의 최근 기사는 이렇게 보도했다.

"이 탐나는 자격증을 얻으려고 지구 곳곳에서 무려 14만 명(역시 기록적인 숫자다)에 이르는 새로운 응시자들이 시험을 치르려고 줄을 잇는다."[7]

나는 이런 소식을 듣고 기뻐해야 마땅하다. 결국은 내가 평생을 바친 직업에 사람들이 몰려드는 것이기 때문이다. 하지만 금융 산업으로 몰려드는 사람들의 동기가 사회에 기여하려는 쪽보다 사회로부터 얻어가려는 쪽에 비중을 둔다는 점이 걱정된다. 금융회사들이 서비스를 제공하고 받는 대가가 이들이 창출하는 가치보다 훨씬 크다는 점이 수학적으로 자명하기 때문이다. 금융시스템이 제공하는 가치와 그 비용이 전혀 무관하다는 사실에 대해 이제부터 집중적으로 논의하고자 한다.

비용과 세금이 재산을 축낸다

농간을 파악하기 가장 쉬운 부분이 비용이므로 먼저 비용부터 살펴보자. 지난 50년 동안 주식에 대한 투자수익률이 평균 연 11%였으므로, 처음에 1,000달러를 주식에 투자했다면 오늘날 18만 4,600달러가 되었을 것이다.[8] 나쁘지 않은 실적이다. 그러나 개인이 주식을 보유하려면 비용이 들어간다. 중개수수료, 운용보수, 판매수수료, 자문수수료, 광고비, 변호사 비용 등 온갖 비용이 들어간다. 이런 비용을 모두 합하면 적어도 연 2%가 된다. 2%에 불과하지만 이런 투자비용을 공제하면 과거 순수익률은 9%로 떨어지며, 최종 자산가치는 절반 밑으로 떨어져 겨우 7만 4,400달러가 된다.

일반 투자자가 수익에 대해 소득세와 자본이득세로 단 1.5%를 낸다고 가정하면 세후 수익률이 7.5%로 떨어지고, 최종 자산가치는 또다시 절반으로 줄어들어 3만 7,000달러가 된다. 복리수익의 놀라운 마법이 복리비용의 강력한 횡포 앞에 무너지는 모습이 역력히 나타난다. **우리가 기대할 수 있었던 수익의 약 80%가 허공으로 사라진 셈이다.** (경고: 실질 가치로 계산할 경우, 지난 반세기 동안 인플레이션이 연 4.1%였으므로, 비용 및 세금 공제 후 인플레이션까지 고려했을 때 초기 1,000달러 투자의 최종 자산가치는 18만 4,600달러가 아니라 겨우 5,300달러가 된다!)

엉뚱한 마법

오늘날 금융시스템의 비용이 이토록 크게 올라간 것은 우리가 전통적인 투자 기준을 포기했기 때문이다. 전설적인 투자가 벤저민 그레이엄은 1963년 《파이낸셜 애널리스트 저널Financial Analysts Journal》 5~6월호에서 투자 기준을 다음과 같이 설명했다.

> 나의 기본적인 논지는 과거와 마찬가지로 미래에도 동일하다. 잘 훈련된 현명한 재무분석가는 다양한 사람들에게 포트폴리오에 대해 유용한 조언을 제공할 수 있으며, 따라서 자신의 존재가치를 충분히 입증할 수 있다. 또한 나는 그들이 건전 투자에 대한 비교적 단순한 원칙을 고수해도 역시 존재가치를 입증할 수 있다고 생각한다. 예를 들자면 이러한 원칙이다. '채권과 주식 사이에 적절한 균형을 유지한다', '적절하게 분산투자한다', '대표적인 종목들을 선정한다', '고객의 재무 상태나 성향

에 맞지 않는 투기를 삼간다'. 이런 일을 위해서 마법사 같은 종목선정 능력이나 시장예측 능력이 필요한 것은 아니다.

내가 평생 주장한 바를 들어본 사람은 잘 알겠지만 나는 종목선정이나 시장예측에 귀신 같은 능력을 발휘해도 장기적으로는 가치를 보탤 수 없다고 주장했으며, 균형과 분산투자와 장기투자라는 단순한 원칙을 열정적으로 옹호했다.

실제로 57년 전 내가 펀드 업무를 시작했던 아득한 과거에는 펀드매니저들이 벤저민 그레이엄이 설명한 것과 거의 같은 방식으로 투자했었다. 당시 주요 주식형 펀드는 주로 잘 분산된 우량주로 구성되어 있었고 펀드매니저들은 장기로 투자했다. 이들은 투기를 삼갔고, (현재 기준으로) 적은 비용으로 펀드를 운용했으며, 투자자들에게 시장수익률과 비슷한 수익률을 제공했다. 그러나 이들의 장기 실적이 분명히 보여주듯이, 이들은 전혀 '종목선정의 귀재'가 아니었다.

비용이
추악한 고개를 쳐들다

오늘날 펀드매니저들을 어떤 분야의 귀재라고 굳이 표현해야 한다면, 이들은 투자자의 돈을 빼내는 분야의 귀재라고 할 수 있다. 2007년에 뮤추얼펀드 시스템에서 발생한 직접 비용(주로 운용 수수료와 마케팅 비용)이 모두 1,000억 달러가 넘었다.[9] 여기 더해서 펀드는 증권회사에 거래수수료를 수백억 달러 지불하고 있으며, 변호사와 기타 관련 회사들에도 간접적으로 비용을 지불하고 있다. 펀드 투자자들은 투자상담사에게도 매년 약 100억 달러를 지불하는 것으로 추정된다.

그러나 이들은 뮤추얼펀드의 비용이 금융시스템 전체에서 발생하는 비용의 극히 일부에 불과하다고 변명한다 (실제로도 비중이 비교적 작다). 뮤추얼펀드 비용 1,000억 달러에 증권회사에 지불하는 비용 3,800억 달러를 더하고, 헤지펀드 매니저, 연금기금, 은행 신탁부서, 투자자문사, 변호사, 회계사 비용을 더하면, 합계 금액은 대략 연 6,200억 달러에 이른다. (정확한 금액은 아무도 모른다. 확실히 말할 수 있는 것은 이 막대한 비용이 어떤 방식으로든 투자자들의 주머니에서 빠져나간다는 사실뿐이다.)

　이런 비용이 매년 거듭해서 발생한다는 점을 잊지 말라. 현재 수준이 유지된다면 (내 생각에는 증가할 것 같지만) 전체 중개비용이 10년 뒤에는 무려 6조 달러에 이를 것이다. 이 금액을 현재 미국 주식시장의 시가총액이 15조 달러이고, 채권시장의 시가총액이 30조 달러인 점과 비교해보라.

투자자들은 비용만큼
보상받지 못한다

　투자자들에게 돌아가는 수익이 시장수익에서 금융시스템 비용만큼 줄어드는 것이 분명한데도, 금융시스템이 투자자들에게 다른 혜택을 제공하므로 우리 사회에 가치를 보탠다는 주장도 자주 나온다. 그러나 미국의 금융시스템은 고전적인 자유시장 여건에서 운용되는 것이 아니므로, 이런 주장은 금융시스템의 현실과 일치하지 않는다. 우리 시스템에는 정보 불균형(판매자가 구매자보다 유리하다), 불완전경쟁, 이성보다 감정에 좌우되는 불합리한 선택이 가득하다.

그렇다고 우리 금융시스템이 비용만 발생시킨다는 뜻은 아니다. 사회에 상당한 가치를 분명히 창출하기도 한다. 다양한 사용자 사이에서 자본의 최적 배분을 촉진하고, 매수자와 매도자가 효율적으로 만날 수 있게 해주고, 탁월한 유동성을 제공하며, 어떤 투자자에게는 미래 현금흐름 가치를 할인해서 자본화할 수 있게 해주고, 어떤 투자자에게는 이런 현금흐름에 대해 권리를 취득할 수 있게 해준다. 금융상품(이른바 파생상품들은 대개 굉장히 난해한데 이들의 가치는 다른 금융상품에서 유래한다)을 창출해서 투자자들이 추가로 위험을 떠안을 수 있게 해주기도 하고, 이런 위험을 다른 사람에게 전가하여 위험을 회피할 수 있게 해주기도 한다.

금융시스템이 가치를 창출하지 못하는 것은 분명히 아니다. 문제는 이런 가치를 얻는 데 들어가는 비용이 그 가치보다 훨씬 크다는 점이다. 적어도 내가 보기에 답은 아주 명백하다. 금융 산업은 우리 경제에서 가장 큰 부문일 뿐만 아니라, 고객들이 스스로 지불한 비용 수준과 비슷한 보상조차 받지 못하는 유일한 산업이다. 실제로 간단한 산수의 잔인한 법칙에 따르면, 투자자들 전체로 보면 이들은 자신이 지불한 대가를 받지 못한다. (역설적으로 말해서, 투자자들이 아무것도 지불하지 않는다면 이들은 보상을 모두 받을 것이다!)

너무도 중요한 질문

지난 2세기 동안 우리나라는 농업경제에서 제조업 경제를 거치고, 서비스 경제를 지나, 지금은 압도적인 금융경제가 되었다. 그러나 우리 금융경제는 말 그대로 우리의 생산적 기업들이 창출한 가치를 빼간다. 한번 생각해보자. 기업 소유주들은 자본주의 시스템이 창출한 배당수익률과 이익 성장이라는 과실을 모두 향유하지만, 주식 투자자들은 금융 중개비용을 공제한 뒤에야 투자수익을 얻게 된다. 따라서 미국 기업에 투자하는 것은 이기는 게임이지만, 이런 비용을 공제하기 전 기준으로 시장을 이기려는 시도는 제로섬 게임이다. 그러나 중개비용을 공제한 뒤에는 시장을 이기려는 시도도 전체로 보면 지는 게임이 된다.

우리의 경제생활 전체에서 금융 부문의 지배력이 최근

까지 빠른 속도로 커지고 있는데도, 금융시스템이 투자자들의 수익에서 빼가는 가치를 체계적으로 계산한 학문적 연구를 나는 하나도 보지 못했다. (내가 쓴 글을 제외하고) 전문 학술지에서 이런 논문을 단 한 편도 보지 못했다. 《저널 오브 파이낸스Journal of Finance》, 《저널 오브 파이낸셜 이코노믹스Journal of Financial Economics》, 《저널 오브 포트폴리오 매니지먼트Journal of Portfolio Management》, 《파이낸셜 애널리스트 저널Financial Analysts Journal》, 어디에서도 보지 못했다. 내가 알고 있는 첫 번째 논문(케네스 프랜치Kenneth R. French의 「적극적 운용의 비용The Cost of Active Investing」)은 2008년 중반 현재 《저널 오브 파이낸스》에서 게재가 결정되지 않은 상태이다.

우리는 무지의 장막을 거두어야 한다. 우리는 교육, 공개, 규제, 구조적 법적 개혁 등을 결합하여 자본형성 시스템을 과감하게 개선해야 한다. 이 책이 이런 목표를 향한 자극제가 된다면, 나의 글은 보람이 있을 것이다. 그러나 요는 이 개선 작업을 완수해야 한다는 점이다. 금융경제는 생산적 기업이 창출한 가치를 계속해서 과도하게 빼갈 것이지만, 앞으로 다가올 시련기에는 기업들이 이런 손실을 더는 견뎌내지 못할 것이기 때문이다.

2007년 6월 프린스턴 대학교 졸업생 대표인 경제학 전공자 글렌 웨일Glen Weyl(불과 1년 뒤 박사학위를 취득했으므로 지금은 웨일 박사이다)은 지적 탐구에 대한 열정을 이런 식으로 표현했다.

"너무도 중요한 질문이 있어서, 다른 생각은 도저히 하기가 힘듭니다."

너무도 중요한 질문이 있어서 다른 생각은 도저히 하기가 힘듭니다.[10] 우리나라의 결함투성이 금융 중개시스템이 효율적으로 기능하게 만드는 일이 바로 그런 질문이다.

지금이야말로 이런 질문에 대해 생각하면서 심층적으로 연구하고 비용을 계산하며 이러한 비용을 투자자들이 마땅히 얻어야 할 가치와 연계시켜야 할 때이다. 우리의 금융 시스템은 이미 충분히 많은 비용을 초래하고 있으며 (사실은 지나치게 높다) 그 결과 투자자들에게는 충분한 가치를 제공하지 못하고 있다.

금융은 본질적으로 자연과 상업과 교역으로부터 생계를 꾸려나가는 사람들을 통해서 생계를 유지한다. 따라서 금융 부문이 오늘날보다 훨씬 더 공익과 투자자의 이

익에 부합하도록 훨씬 더 효과적으로 기능할 것을 반드
시 요구해야 한다.

2장

**투기는 넘치지만
투자는 부족하다**

투자란 기업에 대한 소유권을 장기간 보유하는 일이다. 상장기업은 소비자들이 원하는 상품과 서비스를 생산하고, 효과적으로 경쟁을 벌이며, 기업가 정신을 발휘하여 번영하고, 변화를 이용하면서 본질 가치를 점진적으로 축적한다. 기업은 우리 사회에 가치를 더해주고 투자자들에게 부富를 더해준다.

한 세기 넘게 기업의 부가 증가한 (배당수익률과 이익성장률이 누적적으로 증가한) 모습은 완만한 상향 곡선을 그리고 있으며, 적어도 지난 75년 동안 이 곡선에서 심하게 이탈한 적이 없었다.

투기는 이와 정반대이다. 투기는 (기업이 아니라 종이 쪼가리에 불과한) 금융상품의 (본질 가치가 아니라) 가격이 상승하기를 기대하면서 금융상품을 장기 보유하는 것이 아니라 단기 거래하는 행위이다. 실제로 이들은 모두 자신이 선택한 주식이 다른 주식보다 더 오르기를 기대한다. 같은 기간 주가 움직임을 나타내는 곡선은 앞의 투자수익 곡선보다 훨씬 들쭉날쭉하다.

요즘 투자자들은 많이 잊고 지내지만, 투자와 투기는 이미 오래전부터 분명하게 구분되어왔다. 가장 훌륭한 현대적 정의는 1936년 영국의 위대한 경제학자 존 메이너드 케인스가 저서 『고용, 이자 및 화폐의 일반 이론The General Theory of Employment, Interest and Money』에서 제시한 것이다. 나는 1950년 프린스턴 대학교에서 이 책을 처음 만났고, 뮤추얼펀드 산업에 관한 내 졸업논문에 인용했었다.

케인스는 투자가 (그는 '사업enterprise'이라고 불렀다) '자산에서 전체 기간에 발생하는 수익을 예측하는 행위'라고 정의했다.[1] 그리고 투기는 '시장을 예측하는 행위'라고 정의했다. 케인스는 전문 펀드매니저들이 투기에 몰려드는 무지한 대중의 일방적인 의견을 제어하지 못하면, 이들 역시 투자가 아니라 투기를 하게 될 것이라고 크게 우려했다. 그래서 70여 년 전 그는 우리에게 경고했다.

"투기의 소용돌이에 휩싸여 사업이 거품이 되어버리고 나라의 자본 형성이 카지노 놀음의 부산물이 되어버리면 자본주의는 제대로 기능하기 어렵다."

단기적으로 보면, 투자수익은 투기수익과 거의 관계가 없다. 그러나 장기적으로는 두 수익이 같을 수밖에 없다. 내 말에만 귀를 기울일 필요가 없다. 가장 훌륭하게 표현한 워런 버핏의 말에 귀를 기울여보자.[2]

"오늘과 심판의 날 사이에 투자자 전체가 얻을 수 있는 최대 수익은 그들이 투자한 기업 전체가 벌어들이는 수익이다."

그는 40년 넘게 운영 중인 상장회사 버크셔 해서웨이 Berkshire Hathaway에 대해 설명하면서 말했다.

"주가가 일시적으로 기업실적보다 더 상승하거나 하락할 경우, 일부 주주들은 주식을 사거나 팔아서 거래 상대방에게 손실을 입히면서 큰 이익을 볼 수도 있다. 그러나 장기적으로는 버크셔 주주 전체가 얻는 수익이 우리 회사가 얻는 수익과 반드시 일치할 수밖에 없다."(굵은 글씨는

내가 강조한 부분이다)

버핏의 위대한 스승 벤저민 그레이엄은 다른 방식으로 같은 뜻을 표현했다.[3]

"단기적으로 주식시장은 인기를 측정하는 **투표계수기**와 같지만, 장기적으로는 실체를 측정하는 저울과 같다."

하지만 우리는 버핏과 그레이엄의 오래된 격언에서 한 걸음 더 나아가야 한다. '버크셔 주주들이 얻는 전체 수익은 회사의 수익과 일치할 수밖에 없지만', 몇몇 사람들끼리만 거래하는 경우라도 이 주식을 사고파는 사람들이 얻는 전체 손익은 회사의 수익보다 작다. 전체로 보면 투자자들은 버크셔의 수익을 모두 얻지만 투기자들은 모두 얻지 못한다.

거대한 착각

주식시장 참여자들이 대부분 **투자자**여서 기업의 경제적 측면에 주목하고, 기업의 견실한 수익력이 주식시장을 주도한다면 시장의 변동성은 낮아진다. 그러나 현재와 같이 주로 투기꾼들이 시장을 주도한다면 기대, 희망, 탐욕, 공포에 따라 들끓는 낙관주의와 칠흑 같은 비관주의 사이에서 이들의 감정이 요동침에 따라 필연적으로 변동성이 지금처럼 높을 수밖에 없다.

펀드매니저들과 다른 시장 참여자들이 벌이는 이런 투기가 과연 투자자들에게 건전한 것인가? 우리 금융시장이나 우리 사회에는 도움이 되는가? 물론 아니다. 장기적으로 주식에서 발생하는 수익은 모두 **투기**가 아니라 **투자**에서 나온다. 즉, 우리 기업에 투자된 자본의 생산력에서 나온다. 역사를 돌아보면 1900~2007년 동안 주식의 수익률은 연 9.5%였는데, 이는 전적으로 평균 배당수익률 약 4.5%와 이익성장률 5.0%로 구성된 **투자수익률**이다.[4] (이 수익률에는 앞에서 언급했던 중개인에게 지불하는 비용이나 인플레이션 효과가 반영되지 않았다)

우연인지 몰라도 이 기간의 **투기수익률**(주가수익배수PER의 증감에 따른 수익률)은 제로였다. 투자자들은 기간 초에 이익 1달러에 대해 15달러(PER=15)를 조금 넘게 지불했었고, 기간 말에도 거의 같은 배수를 지불했다. 물론 장기간에 걸쳐 주가수익배수가 바뀔 수도 있다. 그러나 **장기**

적으로 투기수익률 때문에 투자수익률이 0.5% 넘게 오르거나 내리는 경우는 드물다.

메시지는 명확하다. 장기적으로 주식의 수익률은 **기업**이 벌어들이는 **실제 이익**에 거의 전적으로 좌우된다. 시장 참여자들의 변덕스러운 **인식** 변화에 따라 일시적으로 주가와 주가수익배수가 오르내리면서 발생하는 투기수익률은 본질적으로 아무 쓸모가 없다. 장기적으로 주식의 수익률을 결정하는 것은 **경제 측면**이다. 단기적으로는 **정서**emotions가 수익률을 지배하지만, 장기적으로는 그 효과가 눈 녹듯이 사라진다. 따라서 내가 『모든 주식을 소유하라The Little Book of Common Sense Investing』에도 썼듯이 주식시장은 투자에 대해 거대한 착각을 불러일으킨다.

지는 게임

실제 시장과 **기대** 시장에 대한 구분은 토론토 대학교 로트먼Rotman 경영대학원 학장인 로저 마틴Roger Martin의 설명이 가장 훌륭하다고 생각한다. 기업이 활동하는 실제 시장에서는 실제 기업들이 실제 돈을 지출하면서 실제 사람들을 고용하고 실제 자본 장비를 구입하여 실제 제품을 생산하고 실제 서비스를 제공한다. 이들이 실제 기술을 활용하여 경쟁을 벌이면 이들은 실제 이익을 벌어들이고, 이로부터 실제 배당을 지급한다. 그러나 이렇게 하려면 실제 혁신과 실제 통찰력이 필요한 것은 물론이고, 실제 전략과 실제 결단과 실제 자본 지출도 필요하다.

반면 기대 시장에서는 앞에서 설명한 실제 사업이 아니라, 투자자들의 기대에 따라 가격이 설정된다. 그런데 이러한 기대는 숫자에 의해 형성되며, 이 숫자는 경영진의 이해관계와 밀접하게 연결되므로 여러 가지 방법으로 너무도 쉽게 관리되고, 조작되며, 정의된다. 게다가 기업 대표이사의 원래 임무는 기업의 실제 가치를 높이는 것인데도, 우리는 대표이사가 시장의 기대에 영합하도록 허용할 뿐만 아니라, 스톡옵션을 부여함으로써 시장의 기대에 영합하도록 조장하고 있다. 대부분 프로 스포츠에서 이런 행위가 불법인 것처럼, 이런 관행도 명백한 불법으로 규정되어야 한다. 예를 들어, 미국축구연맹 리더들이나 미국프로농구협회 본부가 각 팀에 돈을 걸 수 있도록 허용한다면 어떤 일이 벌어지겠는가? 그런데도 기

업의 대표이사들에게 이런 일이 벌어지고 있다. 이들에
대한 주식보상 때문에 우리 금융시스템이 엄청나게 왜곡
되는 것이다.

어느 쪽이 이기는 게임이고 어느 쪽이 지는 게임인가?
실제 숫자와 실제 수익에 돈을 걸고 주식을 매입하여 장
기 보유하는 쪽인가? (이것이 투자다) 아니면 예상하는 숫
자와 만들어낸 수익률에 돈을 걸고, 주식을 장기 보유하
는 대신 잠시 빌리는 쪽인가? (이것이 투기다) 복권에서든,
라스베이거스에서든, 경마장에서든, 월스트리트에서든,
도박은 하면 할수록 승산이 줄어든다는 사실을 이해한다
면, 당신이 투기를 할지 투자를 할지 결정하는 일은 고민
거리도 되지 않는다.

투기가 주도권을 쥔 시장

투자가 투기보다 낫다는 사실은 초등학교 산수만큼이

---

* 회전율(turnover)은 거래된 주식 수를 발행 주식 수로 나눈 비율이다.

나 분명한데도, 우리는 지금 역사상 투기가 가장 심한 시대에 살고 있다. 1951년 내가 처음으로 금융 산업에 진출했을 때 주식의 회전율은 연 25% 수준이었다.[*][5]

회전율은 이후 20년 동안 이렇게 낮은 비율을 유지하다가 점진적으로 증가하여 1998년에는 100%를 넘어섰고, 2000년대 후반에는 143%를 기록하게 되었다. 그러다가 2008년에는 회전율이 또다시 2배로 뛰어올랐다. 회전율이 215%로 치솟았고, 상장지수펀드ETF에서 발생한 엄청난 투기까지 포함하면 284%까지 올라갔다.

투기가 극적으로 증가한 대표적인 신상품의 예를 살펴보자. 1955년 S&P500지수의 시가총액이 2,200억 달러였을 때는 주가지수로 투기(혹은 헤지)를 벌일 수 있는 선물이나 옵션이 존재하지 않았다. 이어 지수선물과 옵션이 탄생하여 금융 산업의 노다지가 되었다. 이러한 신상품 덕분에 시장에 돈을 걸기도 쉬워졌을 뿐 아니라 레버리지(적은 돈으로 훨씬 큰돈을 투자한 효과를 얻는 투자기법)도 가능해졌다. 2008년 초가 되자 S&P500지수 파생상품(선물 및 옵션)의 가치 총액이 29조 달러에 이르러, 실제 S&P500지수의 시가총액 13조 달러의 2배를 넘어섰다.[6] 이는 S&P500지수 주식들이 투기적 거래에 의해 회전율이 높아지지 않을 경우, 기대시장의 가치가 실제 시장의 가치보다 적어도 2배 이상 크다는 뜻이다.

간단한 예를 통해서 투기가 지는 게임임을 알 수 있다. S&P500지수의 각 종목 절반을 전혀 거래하지 않는 투자자들이 보유하고, 나머지 절반을 투기자들이 보유하면서 서로 거래한다고 가정하자. 전체로 보면 투자자들은 지수에서 발생하는 수익을 당연히 모두 차지한다. 반면 투기자들은 전체로 보면 거래비용 때문에 수익의 일부만 차지하게 된다. 따라서 투자자는 이기지만 투기자는 진다는 명백한 결론이 나온다. 여기에는 달리 빠져나갈 길이 없다. 따라서 요즘 불고 있는 투기 열풍은 시장 참여자들에게 손해를 끼친다. 월스트리트에만 이롭다.

블랙 스완과
시장수익률

인식(일시적인 주가)이 실제(기업의 본질 가치)에서 크게 벗어나면 이 틈은 실제에 맞춰 메워질 수밖에 없다. 인식에 맞춰 실제를 단기간에 끌어올리기는 불가능하기 때문이다. 경쟁이 치열한 현실 세계에서 기업의 가치를 쌓아 올리는 일은 오랜 기간이 걸리는 힘들고 까다로운 작업이다. 그런데도 주가가 기업의 가치에서 벗어나서 거품을 형성하기 시작하면, 너무도 많은 시장 참여자들이 기업의 가치가 주가 수준으로 곧 상승한다고 기대하는 듯하다.

투기 심리는 바로 이런 방식으로 투자자들의 마음속에 스며든다. 그래서 이들은 필수 고려사항도 무시한 채, 일어날 수 없는 일도 믿으려 한다. 그러다가 1987년 10월 19일과 같은 날이 다가왔고, 실제 시장의 영원한 진실이 또다시 모습을 드러냈다. 검은 월요일Black Monday로 알려진 이날 하루에 지수가 2,246포인트에서 1,738포인트로 폭락하면서 무려 25%에 해당하는 508포인트가 날아갔다. 이렇게 가파르게 하락한 적은 한 번도 없었다. 이 하락률은 대공황이 다가온다는 경고를 일찌감치 보내면서 1929년 10월 24일(검은 목요일) 발생했던 하루 13% 폭락 기록의 거의 2배나 되는 수준이었다.

전고점으로부터 운명적인 검은 월요일 장 마감까지 미국 주식 시가총액에서 약 1조 달러가 사라졌다. 이 끔찍한 하락에 시장 참여자 거의 모두가 충격을 받았다. 왜 충격을 받았을까? 주식시장에서는 어떤 일이든지 일어날 수 있다. 오늘날 나는 이 사실을 더 강력하게 주장한다.

우리 금융시장의 속성과 구조가 변화하고 있으므로, 예상 못 한 충격적 사건이 시장에서 발생할 가능성은 더욱 커지고 있다. 지난 몇 년 동안 시장에서 발생했던 놀라운 등락이 이런 가능성을 확인해준다. 1950년대와 1960년대에는 주가의 1일 변동률이 2%를 넘어가는 날이 대개 1년에 3~4일뿐이었다. 그러나 2008년 7월 30일에 마감한 1년 동안에는 이런 날이 서른다섯 번 있었다. 2% 넘게 상승한 날이 14일이었고, 하락한 날이 21일이었다. 과거 경험에 비추어 볼 때 이런 시나리오의 가능성은 … 제로였다.

따라서 투기는 지는 게임일 뿐 아니라 그 결과를 도저히 예측할 수 없는 게임이다. 확률의 법칙은 우리 금융시장에 적용되지 않는다. 투기가 주도하는 시장에서는 어떤 사건이 과거에 일어난 적이 없다는 이유만으로 미래에도 일어나지 않는다고 기대할 수가 없기 때문이다. 바꿔 말하면, 인류가 지금까지 본 백조가 모두 희다고 해서, 검은 백조Black Swan가 존재하지 않는다고 말할 수는 없다. 그 증거로 내가 방금 언급한 검은 월요일을 보라. 이 사건은 과거 경험으로는 전혀 예측할 수 없었을뿐더러, 그 결과 역시 전례가 없었다. 이 사건은 무시무시한 앞날을 알리는 전조가 아니라, 역사상 유례없는 강세장을 알리는 조짐이었다. 그러니 미래는 아무도 모른다.

나심 니컬러스 탈레브Nassim Nicholas Taleb는 그의 저서 『블랙 스완The Black Swan』에서 이 개념을 통찰력 있게 담아냈다.* 그러나 탈레브는 자신이 알고 있는 사실만을 확인한다. 금융시장에서 도저히 일어날 것 같지 않은 사건이, 사실은 일어날 가능성이 크다고 말한다. (아니면, 매우 가능성 큰 사건이 도무지 일어나지 않는다) 그런데도 아마추어와 전문가, 투자자와 투자자문과 펀드매니저 모두, 금융시장의 역사에 기록된 확률이 그대로 유지된다고 가정하면서 과거가 미래의 전조라고 확신한다. 거듭 당부하는데 그런 기대는 일찌감치 접어라.

---

* 탈레브는 '블랙 스완'을 다음과 같이 정의했다. (1) 정상적인 기대의 영역을 넘어서는 이상치, (2) 극심한 영향을 미치는 사건, (3) 발생한 이후, 마치 예측할 수 있었던 것처럼 이야기를 꾸며내게 되는 사건. 따라서 희귀하고, 극단적이며, 돌아보면 예측 가능한 사건들이 일어나는 법이다. 인생은 이런 사건들로 가득하며, 특히 금융시장이 그렇다!

블랙 스완과
투자수익률

시장수익률의 일상적인 등락은 장기적인 투자가치 증가와 아무 관계가 없다. 실제로 단기 지향적이고 투기적인 금융시장에서는 블랙 스완이 수없이 등장했지만, 미국 주식이 제공하는 장기투자수익률에는 블랙 스완이 전혀 없었다. 이유가 무엇일까? 전체로 보면 기업들은 제품과 서비스를 생산하는 실물경제에서 변화를 예측하고 변화에 대응하면서 자본을 효과적으로 활용하기 때문이다. 물론 좋든 싫든 우리는 주기적인 침체와 드물게는 불황을 겪으면서 경기순환을 맞이할 수밖에 없다. 그러나 미국 자본주의는 늘 뛰어난 복원력을 과시했고, 시대가 바뀌어도 이익이 성장하고 배당이 증가하면서 경제도 성장했다.

그런데도 우리 변덕스러운 금융 부문의 투기 심리가 생산성 높은 실물경제로 전염될 위험은 항상 존재해왔다. 위대한 미국 경제학자 하이먼 민스키Hyman Minsky는 그의 경력 대부분을 금융 불안정 가설, 즉 '안정이 불안정으로 이어진다'는 개념에 헌신했다. 그는 다음과 같이 매우 심오하게 요약했다.

> 금융시장은 이익을 추구하는 기업 리더와 개인 투자자
> 들뿐만 아니라, 금융회사들의 이익추구 활동에 대해서
> 도 반응한다. 은행업과 금융업만큼 발전과 변화와 슘페
> 터Schumpeter적 기업가 정신*이 두드러진 분야도 없고,
> 이익 추구가 이렇게 큰 변화를 유발하는 분야도 없다.[7]

　복잡한 금융상품이 잇달아 쏟아지기 오래전에 민스키
는 금융시스템이 유난히 혁신 성향이 강하다는 사실을
간파했다. 그는 금융과 산업발전의 공생관계를 설명하면
서 "금융발전이 경제의 역동적 패턴에 중요한 역할을 한
다."라고 지적했다. 펀드매니저가 주도하는 자본주의가
1980년대에 현실이 되고 기관투자가들이 국가 최대의 저
축보유기관이 되자, 이들은 금융시장과 기업들에 대해
영향력을 행사하기 시작했다.

---

* 위대한 경제학자 조지프 슘페터(Joseph Schumpeter)는 기업가의 역할이 경제성장
　을 주도하는 일이라고 보았는데, 이는 현재 일반 통념이 되었다.

2007년 중반, 금융 시스템에서 처음으로 고통스럽게 드러난 위기는 하이먼 민스키의 통찰력이 얼마나 선견지명이 있었는지를 날카롭게 경고한 사건이었다. 이 위기를 미리 예견한 것으로 보이는 소수의 투자가 중 한 사람은 미국에서 가장 통찰력 있는 전문 투자가로 평가받는 제러미 그랜섬Jeremy Grantham이었다. 그는 2007년 말에 자신이 쓴 탁월한 에세이의 제목을 「민스키 대폭락The Minsky Meltdown」이라고 지었다. 불과 6개월 뒤, 정부에서 후원하는 패니메이Fannie Mae(연방저당권협회)와 프레디맥Freddie Mac(연방주택금융저당회사)의 주가가 폭락하여 미국 재무부가 이들의 부채를 공식적으로 떠안게 되자, 그랜섬의 예측이 여지없이 실현되는 상황이었다. 이 민스키 대폭락이 단순히 주기적인 현상에 그칠지, 아니면 더 강력한 구조적 변화의 서막이 될지는 시간이 흘러야만 알 수 있을 것이다.

거북이가 승리한다

때때로 투기판이 되기는 하지만, 금융시장은 우리가

저축한 돈을 투자해서 기업을 소유할 수 있게 해주는 유일한 수단이다. 투기와 희소사건과 극단적 현상과 날조된 설명이 판치는 투자의 세계에서 우리는 어떻게 행동해야 하는가? 피터 번스타인Peter L. Bernstein은 존경받는 투자전략가 겸 경제학자이자 베스트셀러의 저자이며, 전문가들에게 수여하는 상을 잇달아 수상한 인물이다. 그는 2001년에 쓴 글「60 대 40 해법」(주식 60%와 채권 40%)에서 토끼처럼 투기하지 말고 거북이처럼 투자하라고 건전한 조언을 했다.

> 시장의 흐름이 주기적으로 바뀌는 투자의 세계에서는 거북이가 토끼를 이기는 경우가 매우 많다. … 알지 못하는 미래에 큰돈을 거는 행동은 도박만도 못한데, 도박은 확률이라도 알 수 있기 때문이다. 탐욕에 자극받아 내린 결정들은 대부분 불행한 결과를 맞이한다.[8]

토끼가 승리한다(그게 어떻게 가능한가?)

몇 년 뒤 번스타인은 마음을 바꿨다.[9] 그가 발간하는

《이코노믹스 앤드 포트폴리오 스트래티지Economics and Portfolio Strategy》 2003년 3월 1일 호에 실린 영향력 있는 기사의 골자를 다음과 같이 요약해보았다.

> 우리는 미래를 도저히 알 수 없다. 과거의 경험이 미래에 어떤 형태와 순서로 재현될지 아무도 장담하지 못한다. 예상 주식프리미엄은 낮을 뿐 아니라 오늘날 투자 환경에 숨어 있는 변칙성을 반영하지도 못하고 있다.
>
> 따라서 장기 최적화의 비중을 줄이고 단기적 관점에 주력하라. 호재에 초점을 둔 자산과 악재에 초점을 둔 자산을 모두 포함해서 이중 초점 포트폴리오를 구성하되, 가장 변동성 높은 자산 종류로 구성하라. 주식을 중심으로 주위에 금 선물, 벤처캐피털, 부동산, 외화표시상품, 물가연동국채TIPS, 장기채권 등으로 방어막을 쳐라.
>
> 그리고 성공을 확고히 하려면 어떤 상품도 영원히 보유해서는 안 된다. 위험과 기회는 왔다가 사라지기 때문이다. 자산 배분을 자주 변경하라. 유연해야 한다. 장기보유 투자는 과거 방식이다. 시점선택market timing이 미래의 방식이다.

붉은 천을 들고 황소가 우글거리는 투우장으로 행진해 들어가는 번스타인에게 경의를 표하며, 조정 불가능한 것을 조정하려는 그의 노력에 찬사를 보내는 바이다. 실행하기가 매우 어렵기는 하겠지만, 그가 추천하는 전략에는 장점이 많을 것이다. 그러나 그가 실제로 추천하는 전략은 내가 보기에는 투기이다. 그리고 투기는 지는 게임이다.

시점선택은 위험하다

시점선택의 동기가 탐욕이든 공포든 아니면 다른 어떤 것이든, 필연적인 사실은 투자자 전체를 놓고 보면 시점선택 따위는 존재하지 않는다는 점이다. 좋든 싫든 투자자 전체가 보유한 주식을 모두 더하면, 이것이 시장 포트폴리오가 된다. 갑甲이 을乙에게서 증권을 사면 을은 갑에게 증권을 팔게 되며, 시장 포트폴리오는 누가 증권을 사고팔든지 전혀 바뀌지 않는다. 이런 식으로 시장 참여자들 사이에서 벌어지는 소유권 이전은 순전히 투기이다.

물론 개인 차원에서 보면 누군가 시장 포트폴리오를 벗

어나서 승리를 거둘 수도 있다. 그러나 도대체 무엇을 근거로 시점선택을 할 수 있는가? 주식프리미엄을 예상한다는 말인가?[*] 알려진 위험은 이미 주가에 반영되지 않았는가? 알려지지 않은 위험을 걱정하는가? (알 수 없는 일을 예상하기란 절대로 쉽지 않다) 물론 번스타인은 이렇게 말했다.

"위험과 기회는 순식간에 왔다가 사라진다."

나는 이 주장에 동의한다. 그러나 인간은 감정과 행동의 결함 때문에 이런 기회를 이용하기가 어렵다. 나는 시점선택이 효과가 없다고 믿는 사람이다.

당신이 시장에서 매번 시점선택에 성공하여 놀라운 실적을 거둔다면, 이는 누군가 매번 시점선택에 실패하여 참담한 실적을 기록한다는 뜻이다. 말하자면, 당신이 거래할 때마다 그 반대편에 서서 거래를 받아주는 상대자가 있다.

* 주식프리미엄이란 주식의 연간 수익률 가운데 무위험 이자율(대개 미국 단기 국채의 수익률)을 초과하는 부분을 말한다.

투자업계에서 평생을 보낸 뒤 나는 시점선택을 포함해서 모든 형태의 투기에 근본적으로 의심을 하게 되었다. 나는 투기에 성공할 수 있는 사람도 알지 못하고, 과거에 투기에 성공했던 사람도 알지 못한다. 게다가 시점선택에 계속해서 성공한 사람을 아는 사람조차 내 주위에는 없다.

시점선택은 단 한 번만 성공하기도 무척이나 어렵다. 그러나 큰돈을 벌려면 시점선택에 적어도 두 번은 성공해야 한다. 시점선택을 잘해서 시장에 들어간 뒤, 더 유리한 상황이 되면 시점선택을 잘해서 시장에서 빠져나와야 하기 때문이다. 하지만 그때가 언제인지 어떻게 알 수 있는가? 기도하면 되는가? 한번 말해보라. 시점선택을 한번 제대로 할 확률은 비용 때문에 2분의 1에도 미치지 못하지만, 시점선택을 두 번 연속 제대로 할 확률은 4분의 1에도 미치지 못한다.

그리고 예컨대 시점선택을 열두 번 제대로 하고자 시도한다면 (시점선택에 바탕을 둔 전략이라면 드물지 않은 모습이다) 이는 실패할 운명을 벗어나지 못한다. 예컨대 20년 동안 이런 확률로 시점선택을 계속한다면, 성공확률은 4,096분의 1에 불과하다. (그것도 시점선택을 실행할 때 발

생하는 거래비용을 무시한 경우의 확률이다)

성공확률이 4,096분의 1이다. 이게 어디 돈을 걸 만한 확률인가? 워런 버핏도 이런 확률에 돈을 걸지 않는다. 보도에 따르면 2008년 중반, 워런 버핏은 이와 크게 다르지 않은 내기에서 반대편에 돈을 걸었다. 그는 헤지펀드를 선택해서 투자하는 회사인 프로티지 파트너스Protege Partners와의 내기에 21만 달러를 걸었다. 2017년까지 10년 동안 뱅가드의 대표상품인 S&P500 인덱스펀드의 수익률이, 프로티지 파트너스의 자칭 전문가들이 선정한 5대 헤지펀드(필연적으로 투기적이고, 자유분방하며, 마구 거래를 일으키고, 시점선택을 시도한다)의 수익률보다 높다는 쪽에 돈을 걸었다. 물론 나는 공정한 처지가 아니지만, 이런 내기라면 내 개인 돈이라도 기꺼이 걸고 싶다. (참고로, 내기에 누가 이기더라도 이자를 포함한 상금 100만 달러는 자선단체에 기부될 예정이다)

균형을 이루어야 한다

물론 우리 시장에는 투기꾼들도 필요하다. 이익을 얻

기 위해서 시장의 이상 현상과 불완전성을 끊임없이 찾아다니는 금융 기업가, 트레이더, 단기 투자자, 위험 감수자들이 필요하다. 마찬가지로 우리 시장에는 투자자도 필요하다.

신중, 안정성, 안전, 건전성 등 전통적 가치를 높이 평가하면서 주식을 장기보유하는 보수적 투자자도 필요하다. 하지만 두 부류의 참여자들이 균형을 이뤄야 한다. 내가 보기에 오늘날 우리가 맞이한 엄청난 혼란은 이런 균형을 이루지 못한 대가이다. 앞에서 설명한 주제 대부분은 월스트리트 역사상 최고의 현자 중에서도 현자인 경제학자 겸 투자가 헨리 코프먼Henry Kaufman의 탁월한 회고록 『돈과 시장에 관해서On the Money and Markets』에 등장한다.

코프먼 박사도 나와 같은 걱정을 하고 있었다. 그는 월스트리트의 사기업화, 금융의 세계화, 정책결정자들의 능력의 한계, 시장의 변질에 대해 두려움을 나타냈다. 마지막 장에서 그는 다음과 같이 우려를 요약했다.

신뢰는 인생의 대부분 관계에서 토대가 된다. 금융기관과 시장은 무엇보다도 신뢰를 토대로 삼아야 한다. …

금융이 구속에서 벗어나 기업가 정신을 추구하면 극단으로 치달아 위험해질 수도 있다. 금융시스템의 기본법률과 도덕을 심각하게 남용하고 짓밟을 수가 있다. 이러한 남용은 나라의 금융시스템을 약화하고, 금융 공동체에 대한 대중의 신뢰를 잠식한다. … 기업가적 혁신과 전통적 가치 사이의 균형이 개선되어야만 우리 경제시스템의 비용 대비 편익이 개선될 수 있다. … 규제 당국과 금융기관의 리더들이 누구보다도 앞장서야 한다.[10]

전적으로 동의한다. 오늘날 우리가 금융위기를 맞이한 것은 바로 이런 과제들을 일찌감치 다루지 못했기 때문이다. 따라서 우리 금융시장에서 단기투기(지나치게 많은 투기)가 장기투자(절대적으로 부족한)를 희생시키며 일시적으로 승리하는 현상에 대해 우리 모두 깊이 걱정해야 한다. 그러나 힘을 모아 균형을 회복하고 올바른 보수적 금융으로 돌아가는 일은, 학계와 규제 당국은 물론 특히 오늘날 시장 참여자들이 담당할 몫이다. 그러지 못할 경우, 이 장에서 언급한 바와 같이 오래 전 존 메이너드 케인스가 했던 우려를 다시 인용하여 다음과 같이 표현하지 않을 수 없다.

"우리가 지금 맞이하는 위험은 투기의 소용돌이에 휩싸여 사업이 거품이 되어버리고 나라의 자본형성이 카지노 놀음의 부산물이 되어버리면서, 자본주의가 제대로 기능하지 못하기 때문이다."

이것이 바로 지금 일어나고 있는 일이며, 우리 사회는 이를 계속 방치할 여유가 없다.

3장

복잡성은 넘치지만
단순성은 부족하다

내게 단순성은 투자를 성공으로 이끄는 변함없는 열쇠였다. 14세기 철학자이자 성직자인 오컴William of Occam이 제시한 오랜 지혜인 '오컴의 면도날Occam's razor'은 내게 큰 도움을 주었다.

"한 문제에 대해 해결책이 여럿 있을 때는, 가장 단순한 해결책을 선택하라."*

* 오컴은 자신의 글에서 다양한 방식으로 규칙을 표현했다. 가장 일반적인 라틴어 번역문은 다음과 같다. "꼭 필요하지 않으면 대안이 여러 개가 되어서는 안 된다."

나의 경력은 탁월성이나 복잡성이 아니라 상식과 단순성의 승리를 보여주는 하나의 증거가 되어왔다. 한 분석가는 내가 '명백한 사실을 인식하는 데 비상한 능력'을 갖고 있기 때문이라고 했다. (이 말이 칭찬의 뜻인지는 나도 잘 모르겠다!) 이제 오늘날의 매우 복잡한 금융 및 투자 환경에서 단순하고 명백한 사실을 살펴보되, 먼저 혁신의 역할에서부터 시작하자.

일반적으로 혁신의 가치에 대해 반박하기는 곤란하다. 요즘 노트북 컴퓨터는 사람을 달나라에 보내기에도 충분한 연산능력을 보유하고 있다. 자그마한 포켓용 컴퓨터로도 우리는 세계 곳곳에 접속할 수 있고, 자녀들과 접촉을 유지할 수 있으며, 사진을 받고 보내고 저장할 수 있다. 우리는 언제든지 인터넷으로부터 정보를 무한히 얻을 수 있다. 인터넷 소매업 덕분에 소비자들은 지금까지 상상할 수도 없었던 가격경쟁의 혜택을 보고 있다. 의료기술(나는 심장이식을 했다) 덕분에 우리 인생이 강화되고 연장되었으며 질이 높아졌다.

그러나 금융 부문의 혁신은 이와 다르다. 그 이유가 무엇일까? 혁신이 금융기관에 제공하는 가치와 고객에게 제공하는 가치가 전혀 다르기 때문이다. 금융기관은 오컴의 면도날과 정반대로 운영된다. 이들은 단순하고 저렴하기보다는 복잡하고 비용이 높아야 커다란 이득을 얻는다.

대개 금융 부문 혁신은 신상품을 보유하는 고객보다는 신상품을 개발하는 주체에 혜택이 돌아가도록 설계된다. 예를 들어 주택담보대출을 바탕으로 창출되는 부채담보부증권에서 먹이사슬을 따라 발생하는 수익을 살펴보자. 주택담보대출 중개업자는 은행에 대출자를 소개해주고 수수료를 받는다. 은행은 주택담보대출에 담보를 설정하면서 수수료를 받는다. 신용평가기관은 증권에 등급을 부여할 때마다 (1회당 약 40만 달러의) 수수료를 받는다. (물론 사람들이 탐내는 AAA등급을 부여하는 대가이다. 그래야 증권이 팔린다.) 증권회사에서는 고객에게 증권을 판매하면서 수수료를 받는다. 이러한 비용들은 아무리 잘 숨겨놓는다고 하더라도 결국 주택을 구입하는 대출자와 증권을 매입하는 투자자들이 지불하게 되어 있다. 수수료를 떼는 여러 중간상이 그 보상을 거두어간다.

평가기관(나는 이들을 공범으로 취급한다)은 혁신적 금융상품을 평가하고 보증하는 과정에서 난해한 기법들을 동원하는데, 이는 가히 현대판 연금술이라 하겠다. 처음에는 주택담보대출 5,000개 한 묶음이 대부분 B등급이나 BB등급이고 A등급이 몇 개 섞여 있는 정도이므로 납덩어리에 불과하다. 그러나 이들은 기적적으로 금덩어리로 바뀌는데, 일반적으로 5억 달러 규모 부채담보부증권으로 탈바꿈하면서 75%가 AAA등급 채권이 되고, 12%가 AA등급이 되며, 4%는 A등급이 되고, 겨우 9%만 BBB등급 이하가 된다. (힌트: 광범위하게 분산하면 위험이 줄어들기는 하지만 납은 여전히 납이다)*

은행의 처지에서 볼 때 부채담보부증권이 주는 매력은 원초적이다. 은행은 대출을 해주고 푸짐한 수수료를 챙기는 데다가, 대중에게 팔아넘김으로써 장부에서 대출을 신속하게 덜어낼 수 있기 때문이다. (이른바 증권화이다) 은행이 대출을 제공한 가구의 신용도에 대해서 신경을 쓰지 않는 것은 너무도 당연하다.

---

* 2008년 중반에 《그랜츠 인터레스트레이트 업저버(Grant's Interest Rate Observer)》가 이 같은 부채담보부증권을 조사했다. 이 증권의 원래 발행 가치는 20억 달러였다. 그러나 AAA 등급이었던 채권이 이제는 모두 B1 등급("투기적이며 신용위험이 큰 등급")으로 하락했다. 포트폴리오 전체의 추정 가치는 80% 넘게 폭락하여 3억 6,200만 달러가 되었다.

음악에 맞춰 춤추는
파생상품

뉴스에 자주 등장한 복잡한 부채담보부증권과 구조화
투자회사SIV(일종의 MMF이지만 단기로 차입해서 단기로 대출
하므로 안정성이 부족하다)는 엄청난 속도로 성장해서 우리
금융시장을 집어삼킨 최첨단 금융상품 가운데 일부에 불
과하다.

한편 시장에는 이른바 파생상품이 넘치게 되었는데,
파생상품이란 다른 금융상품에 의해 가치가 결정되는 상
품을 말한다. (앞에서 다루었던 S&P500지수 선물 및 옵션을
기억하라) 금리스왑과 신용부도스왑이 등장하여 세계 전
체에서 순식간에 거래되면서 위험을 떠안고, 위험을 확
대하며, (역설적이게도) 위험을 방지하는 용도로 사용되었
다. 이들의 거래량은 어마어마해서 (좀처럼 공개되지 않는
다) 이들의 가치를 결정하는 기초 상품보다 기형적으로
큰 수준이다. (신용부도스왑에서 발생하는 채무는 2조 달러이
지만 스왑규모는 모두 62조 달러에 이른다) 모든 파생상품의
액면 가치를 합계하면 그 규모는 상상을 초월한다.[1] 약
600조 달러인데 이는 세계 전체의 GDP인 66조 달러의 거

의 10배나 된다.[2]

혁신적인 파생상품이 투자자들의 재무상태표를 황폐화하는 동안, 신용평가기관을 포함한 금융 부문은 엄청난 수수료를 챙겨 부자가 되었다. 그런데 놀랍게도 황폐화한 투자자 가운데는 파생상품을 만들어 판매한 은행과 증권회사도 포함되었다. 뮤추얼펀드 펀드매니저들은 거의 모두 연금기금도 운용했으므로, 이들은 부채담보부증권에 폭넓게 투자하면서 수천만 시민의 퇴직적립금도 갉아먹었다.

구조화 투자회사 역시 못지않게 투자자들을 파멸로 몰고 갔다. 이러한 상품을 고객에게 판매하기 위해서 은행들은 이른바 유동성 풋liquidity put을 투자자에게 제공했는데, 이는 고객이 요구할 경우 구조화 투자회사를 액면에 매입하겠다는 보증이었다. 씨티그룹은 부채담보부증권 550억 달러만 보유한 것이 아니었다. 은행이 떠안게 될 수 있는 구조화 투자회사 자산 약 250억 달러도 보유하고 있었는데, 이 위험은 2007년 11월이 되어서야 공개되었다.

(금융 통찰력이 뛰어난 인물로 통하는) 씨티그룹의 회장 로버트 루빈Robert Rubin은 2007년 여름까지도 자신이 유동성

풋에 대해 들어본 적도 없다고 말했다. 전임 회장 찰스 프린스가 금융위기가 닥치기 직전에 한 말은 이보다도 한 술 더 뜬다.

"곡이 연주되는 한 우리는 계속 춤을 춰야 한다. 그래서 우리는 아직도 춤을 추고 있다."

은행의 고위 임원들이 언제부터 재무상태표를 거들떠보지도 않았는지 궁금해질 뿐이다.

미국의 대형 은행과 증권회사들의 신용도가 악화하고 몇 달 뒤, 이 위기는 정부 후원 기관인 패니메이와 프레디맥으로 파급되었다. 미국인들의 주택 소유를 권장하는 정부의 핵심 정책에 따라, 이 두 기관은 미국 가정에 약 5조 달러에 이르는 주택담보대출을 제공했다. 두 기관의 주택담보대출 포트폴리오는 부채담보부증권으로 연금술을 부린 기관들보다는 품질이 월등히 우수했지만, 두 기관은 부채비율이 매우 높아서 (차입금이 자본금의 40배였다) 단기자금시장에 크게 의존하고 있었다.

연방정부의 암묵적인 지원에도 불구하고 두 기관의 지불 능력에 대해 우려가 확산하자 이들의 주가가 약 80%나 폭락했다. 전국 곳곳에서 저당물 압류가 급증하면서

두 기관이 신용위기를 맞이하자, 재무부는 이들에 대한 지원방침을 공식적으로 확언할 수밖에 없었다.[*]

그러나 이는 단순히 신용 문제를 넘어선다. 주택담보 대출 과정에서 얻은 막대한 보상은 사유화하면서 (회사 주주들은 수십억 달러를 벌었고, 임원들은 보상으로 거금을 챙겼다) 위험은 사회화하는 (돈은 납세자들이 치렀다) 정책이 합당하거나 바람직한지에 대해 근본적인 의문을 던지기 때문이다. 더 노골적으로 말하자면, 왜 정부는 납세자들의 돈으로 비효율적이고 방만하게 운영된 회사를 구해주는가? 이는 경제학자 조지프 슘페터Joseph Schumpeter가 그렸던 자본주의와는 확실히 동떨어진 모습이다.

판매자는 승리하고 투자자는 패배한다

복잡한 혁신상품을 만들어 판매하면 막대한 돈을 벌 수 있으므로, 이 유혹은 전염병처럼 퍼지게 된다. 부채담보부증권과 지금은 수백 가지로 불어난 유사 혁신상품들이, 홍수처럼 쏟아지는 혁신적인 주식 및 채권 뮤추얼펀드에 널리 퍼지게 되었다. 최근 무척이나 복잡하게 만들어진 혁신적 펀드들은 주로 판매자들의 이익에 초점을 맞춰 설계되었으므로, 다가오는 10년 동안 주식 및 채권 펀드의 수익률은 역사적 평균보다도 크게 뒤떨어질 것이다. (주식의 평균 수익률이 연 17%에 이르고 채권의 수익률은 연 9%에 이르렀던 풍요로운 1980년대와 1990년대의 평균에 비해 훨씬 떨어질 것이다)

누군들 당시의 높은 수익률을 얻고 싶지 않겠는가? 그러나 그렇게 높은 수익률은 그 이전에도 없었고 이후에도 없었다! 하지만 다음 10년 동안 광범위하게 분산된 주식 및 채권 포트폴리오에 투자할 때 기대되는 수익률은 비교적 정확하게 알 수 있다. (아마도 주식은 7%, 채권은 5%가 될 것이다) 따라서 우리는 잘 알려진 근거를 활용해서 수익률을 합리적으로 기대할 수밖에 없는데, 주식의 경우는 초기의 배당수익률에 이후의 이익성장률을 더한 값이며, 채권의 경우는 초기의 이자율이다. 복잡한 전략을 구사하거나 종목선택에 탁월한 펀드매니저를 고르는 방법으로 우리가 시장을 누르고 수익률을 높일 수 있다고 기대한다면, 이런 행동을 어떻게 보아야 하는가? 새 뮤얼 존슨 박사라면 이렇게 대답할 것이다.

"경험을 무시하고 희망만 앞세우는 행동입니다."

이런 식으로 펀드 혁신이 봇물이 터지듯 하면서 나오는 결과가 운용 수수료, 자문보수, 거래비용의 터무니없는 증가 말고 무엇이 있는가? 이런 중개 서비스를 제공하는 사람들의 목적을 알고 나면 우리는 우울해질 수밖에 없다. 대부분 투자자가 펀드 혁신으로부터 피해만 보고 있으며, 뱅가드가 개척한 투자방식인 전체 시장지수를 따라가는 단순한 전략이 투자자들에게 가장 유리하다는 사실을 중개 서비스 제공자들은 뻔히 알고 있을 것이다. 피델리티의 거물 피터 린치Peter Lynch조차 1990년 마젤란 펀드 운용에서 물러나면서 이렇게 단언했다.

"대부분 투자자에게는 인덱스펀드가 더 유리합니다."

그의 말이 옳았다!

＊ 이러한 정부의 후원 발표로도 두 기관의 재정압박을 덜기에는 역부족이었다. 그래서 2008년 9월 재무부는 두 기관을 연방정부의 관리하에 두어 일시적으로 국유화했다.

"가만있지 말고 매매를 하세요!"

그러나 금융 부문도 돈을 벌어야 한다. 투자자들에게는 안타까운 일이지만, 금융 부문은 투자자들이 단기적 관점으로 매매를 많이 해야 돈벌이가 된다. 좋든 싫든 이것이 현실이며, 금융상품을 판매하는 데에도 자동차, 향수, 치약, 보석을 판매할 때와 마찬가지로 이런 원칙이 강력하게 적용된다. 그러나 이런 금융상품 거래에는 필연적으로 비용이 발생해서 투자자들에게 피해가 돌아간다.

벤저민 그레이엄은 일찌감치 1976년(우연히도, 최초의 인덱스펀드가 판매된 직후였다)에 다음과 같이 지적했다.[3]

"주식시장은 투자자들이 다른 사람의 산더미 같은 세탁물을 대신 빨아주는 거대한 세탁소와도 같다. 요즘은 거래량이 하루에 3,000만 주나 된다."

(그는 오늘날의 투기 규모를 상상도 못 했다. 지금은 하루 거래량이 30억 주를 넘어간다.) 과연 엄청난 세탁 물량이다. 월스트리트에서 상습적으로 고객들에게 던지는 이 조언 덕분이라 하겠다.

"가만있지 말고 매매를 하세요!"

그러나 모든 투자자가 반드시 따라야 할 전략은 정반대
이다.
"매매하지 말고 가만있으세요."

투자자들이 자신의 직관을 거슬러 이 전략을 따르면,
증권을 판매하고 고객의 포트폴리오를 운용하는 사람들
은 돈을 벌기 어려워진다. 금융 회사들은 투자자들에게
인덱스펀드를 무시하고 자신의 목표달성에 적합한 펀드
를 선택해야 한다고 음흉한 거짓말을 하지만, 벤저민 그
레이엄은 이에 대해 의견을 말했다.
"과거의 신통치 않은 실적을 정당화하려는 낡은 변명
에 불과하다."

문턱을 낮춘 뮤추얼펀드

대중의 이익을 보호하려면 때때로 업계의 자기반성이
필요하다. 내가 평생을 바친 금융 산업이 어떻게 해서 (투

자자와 주주와 회사와 산업에 대해) 가장 기본적인 책무조차 수행하지 못했으며, 어떻게 하면 다시 바른길로 들어설 수 있는지 뒤에 가서 자세히 살펴보겠다. 지금은 금융산업이 스스로 미친 듯이 혁신에 뛰어들었다고만 말해두자. 이들은 1980년대의 단기 글로벌 안정형 펀드와 변동금리부 모기지 펀드에서부터 2007년 '초단기' 고수익채권 펀드에 이르기까지 온갖 혁신을 일으켰다. (그러나 2008년 위기가 닥치자 또다시 처참한 실패작이 되었다)

1998년부터 2000년까지 신경제 열풍이 부는 동안 금융업종은 정보 시대에 편승하기 위해서 기술주 펀드, 통신주 펀드, 인터넷 펀드 등 문자 그대로 수백 가지 펀드를 만들어냈지만, 이것도 미친 듯이 날뛰던 복잡한 혁신 사례의 일부에 불과하다. 시장이 치솟자 투자자들은 요란하게 선전하던 펀드에 수십억 달러를 쏟아부었지만, 뒤이어 발생한 폭락장에서 막대한 타격을 입고 말았다.

우리는 펀드 혁신이 투자자들에게 얼마나 많은 비용을 떠안겼는지 실제로 계산해볼 수 있다. 2005년 말까지 25년 동안 펀드 자체가 올린 수익(기간 가중 수익률)과 펀드 투자자들이 실제로 거둔 수익(금액 가중 수익률)을 비교해보자.[4] 평균적인 펀드가 이 기간에 올렸다고 발표한 수익률은 연 10%인데, 이는 S&P500 인덱스펀드의 수익률 12.3%보다 다소 떨어지는 실적이다. 그러나 이런 펀드에 투자한 사람들이 실제로 거둔 수익률은 7.3%로서, 펀드가 발표한 수익률보다도 2.7%P나 떨어진다.

펀드 투자자들이 이 기간에 올린 누적 수익률은 평균 482%였다. 그러나 인덱스펀드에 투자해서 단순히 시장 포트폴리오를 계속 보유하기만 했어도 투자자들은 누적 수익률 1,718%를 올렸을 텐데, 이는 거의 4배나 되는 실적이다! 펀드 판매자들의 혁신과 창의 덕분에 (물론 펀드 투자자들의 탐욕도 한몫했다) 펀드 투자자들이 거둔 수익률은 주식시장이 제공한 수익률의 3분의 1에도 미치지 못했다. 정통 펀드의 경우에는 그래도 손실이 훨씬 적었다. 그러나 그 사촌뻘이 되는 신경제 펀드의 경우에는 손실이 어마어마했다. 따라서 투자자들의 복지도 처참하게 망가졌다.

펀드 판매자들의 복지 측면을 보면, 보수적으로 계산하더라도 이 기간에 펀드매니저와 판매회사에 지급된 보수와 판매수수료가 모두 합해서 대략 5,000억 달러에 이른다. 따라서 누군가는 혁신에 편승해서 막대한 이익을 거두지만, 펀드매니저나 펀드 판매자가 아니라면 이런 수익은 기대하기 어렵다.

대부분 쓸모없는 혁신상품

지금은 복잡한 상품이 판치고 있지만, 가장 생산적인 투자는 가장 단순하고, 가장 평온하며, 가장 비용이 낮고, 일관된 전략으로 장기투자하기 때문에 세금효율이 가장 높은 투자이다. 이는 분명한 사실이다. 나는 과거에 단순한 인덱스펀드라는 씨를 뿌렸지만, 요즘 다시 등장하는 다양한 인덱스펀드(주로 상장지수펀드)들이 상황을 복잡하게 만들고 있다. 어느 날 아침에 일어나보니 나는 프랑켄슈타인 박사가 된 기분이었다.

"내가 도대체 무엇을 만들어냈단 말인가!?"

내 입장을 분명히 밝혀두겠다. 나는 투자자들에게 이로운 혁신을 지지한다. 그리고 운 좋게도 나는 과거에 이러한 여러 혁신에서 핵심적인 역할을 담당했다. 주식형 인덱스펀드, 채권형 인덱스펀드, 확정 만기 채권 펀드, 절세펀드, 심지어 최초의 펀드 오브 펀드도 만들어냈다.

(내가 알기로 펀드 오브 펀드에 추가 수수료를 부과하지 않는 회사는 뱅가드뿐이다)

최근에는 퇴직 준비 펀드target retirement fund와 라이프 사이클 펀드life strategy fund(투자자의 연령에 맞춰 최적 포트폴리오를 재구성해주는 펀드)처럼 투자자들에게 유리한 혁신도 있었다. 적절하게 활용할 경우 (물론 비용도 적절해야 한다!) 이런 펀드들은 장기적으로 완벽한 투자방법이 될 수도 있다. 그러나 요즘은 펀드 혁신이 봇물 터지듯 쏟아지지만, 투자자들에게 도움이 될 만한 상품을 찾아보기가 힘들다. 이제 최근 개발된 '제품'(내 기준으로 보면 펀드에 대한 사고방식이 잘못되었다)들을 간단히 살펴보면서 내 견해를 밝히고자 한다.

ETF(Exchange-Traded Fund)

ETF(상장지수펀드)는 요즘 가장 널리 통용되는 혁신상품임이 틀림없다. 나는 이 상품이 인덱스펀드의 개념을 보유하고 있고 대부분 비용이 낮다는 점에 대해서 높이 평가한다. 광범위 시장지수 ETF를 장기보유하거나, 광범위 업종 ETF라도 특정 목적을 위해서 일정량만 투자한다면,

이는 나무랄 데 없는 투자전략이다. 그러나 대부분 ETF에서 벌어지는 무성한 거래와, 이 과정에서 발생하는 막대한 중개수수료에 대해서는 심각한 의문을 표시할 수밖에 없다.

게다가 현재 상장된 817개 ETF 가운데 미국이나 세계 주식시장에 최대한 분산투자하는 고전적 ETF는 겨우 21개뿐이고, 739개는 적당하거나 터무니없이 협소한 시장 부문에 투자하는 ETF라는 사실이 의아하다. (나머지 57개는 다양한 채권지수를 추적하는 ETF들이다) 심지어는 '신형 종양'처럼 협소한 부문에 투자하는 ETF도 있고, 시장이 오르든 내리든 2배의 수익률을 약속하는 레버리지 ETF도 있다. 여기에 한술 더 떠서 시장 등락의 3배를 약속하는 ETF도 나왔다. 다음에는 4배 주는 ETF가 나오지 않겠는가?

다시 말해서, ETF는 투자 목적으로 사용할 때는 완벽하게 건전한 상품이지만, 투기에 사용할 때는 투자자를 결국 파멸로 이끌기 쉽다. 2005년에 당시 91세를 맞이한 노벨상 수상 경제학자 폴 새뮤얼슨Paul Samuelson은 인덱스펀드의 발명이 바퀴와 알파벳의 발명과 맞먹는다고 말했다.[5] (어쩌면 그는 편견을 갖고 있었을 것이다. 그가 보유한 뱅가드500 인덱스펀드의 수익 덕분에 새뮤얼슨 박사는 여섯 자녀와 열다섯 손주의 교육비를 댈 수 있었기 때문이다.) 그는 ETF에 대해서는 이와 비슷한 찬사를 한 번도 한 적이 없고, 앞으로도 그처럼 명망 높은 인물이 ETF에 대해서 그런 이야기를 할 것 같지도 않다.

펀더멘털 인덱스 투자(Fundamental Indexing)

이른바 가치투자를 활용하는 인덱스 기법은 획기적인 혁신처럼 소개되었지만, 이 기법의 바탕에 깔린 아이디어는 이미 수십 년 전에 나온 것이다. 그러나 판매회사들은 이런 펀드를 ETF 형태로 제공하면서 단기거래용으로도 적합하다고 제안한다.

하지만 이는 언뜻 보기에도 의심스러운 제안이다. 게다가 2000~2002년 주식시장 폭락 기간에 가치주 펀드의 상대실적이 급등한 직후 출시되었으므로, 판매회사들의 마케팅 동기가 엿보인다. 하지만 이런 식으로 실적을 쫓아다니면 투자자들은 필연적으로 손해를 입기 마련이다.

이런 의심스러운 펀드를 판매하는 회사들은 특히 시장이 곤경에 처할 때 '가치투자가 승리한다'라는 말로 투자자들을 안심시킨다. (하지만 이런 펀드는 과거에 승리한 적이 없다) 2007년 중반~2008년 중반에 시장이 급락했을 때 대표적인 펀더멘털 인덱스펀드 두 개는 거의 20% 하락했는데, 이는 일반적인 S&P500 인덱스펀드의 하락률 13%보다 거의 50%나 더 떨어진 실적이었다.

이들 금융 사업가 가운데는 장부가, 매출, 이익을 기준으로 포트폴리오를 구성해야 한다는 사람도 있고, 배당을 기준으로 포트폴리오를 구성해야 한다는 사람도 있는데, 어느 쪽이 올바른 전략이냐를 놓고 이들이 벌이는 논쟁 속에서 투자자들의 혼란만 가중되고 있다.

절대 수익 펀드(Absolute Return Funds)

미국 최대의 대학교 기부금 펀드와 일부 투기적인 헤지펀드가 놀라운 성공을 거두자, 펀드 회사들은 당연히 기를 쓰며 비슷한 전략을 사용하는 펀드들을 새로 만들어냈다. 헤징 펀드(주식 매수 포지션 130%와 매도 포지션 30%로 구성된 펀드), 시장 중립 펀드(순 주식 포지션이 없는 펀드), 상품 펀드, 사모투자/벤처캐피털 펀드 등이 그런 예다. 여기서 두 가지 충고를 하겠다.

첫째, 누울 자리를 보고 뻗어라.

둘째, 그 펀드의 실제 10년 투자실적이 나오기 전에는 투자하지 말라.

무엇보다도 워런 버핏의 말을 기억하라.

"현명한 사람이 시작 단계에 하는 일을 어리석은 사람은 끝에 가서야 한다."[6]

오마하의 현인은 이렇게도 표현했다.

"모든 주기는 세 번 되풀이된다.[7] 처음에는 혁신자가 시작하고, 다음에는 모방자가 뒤따르며, 마지막에는 바보가 되풀이한다."

펀드매니저가 무엇을 제안하든, 당신은 바보가 되지 말라.

상품 펀드(Commodity Funds)

첫째 원리: 상품에서는 자체 수익이 발생하지 않는다. 상품의 가격은 전적으로 수요와 공급에 따라 결정된다. 바로 이런 이유로 상품은 **투기**로 간주된다. 반면, 주식과

채권의 가격은 자체에서 발생하는 수익에 의해서만 정당화된다. 주식은 배당과 이익 성장에 의해서 가격이 형성되고, 채권은 지급 이자에 의해서 가격이 형성된다. 바로 이런 이유로 주식과 채권은 투자로 간주된다. 최근 몇 년 동안 세계 수요가 증가하면서 대부분 상품 가격이 급등했는데, 이런 추세가 미래에도 지속할 수 있다는 점은 나도 얼마든지 인정한다. 하지만 추세는 지속되지 않을지도 모른다. 미래에 가격이 상승한다고 투기를 벌였을 때 보상을 받을지에 대해서 나는 전혀 확신할 수 없다.[*]

월 지급식 펀드(Managed Payout Fund)

펀드 산업은 수백만 투자자들이 투자로 재산을 불리는 단계로부터 투자를 회수하는 단계로 넘어갔다는 사실을 최근에야 깨달은 듯하다. (인구통계에서 절박한 재앙의 조

---

[*] 흥미로운 사실이 있다. 런던에 대화재가 발생했던 1666년부터 제2차세계대전이 끝난 1918년까지, 영국의 상품가격은 결국 그대로였다. 250년 동안 그랬다는 말이다!

짐은 이미 수십 년 전에 나타났는데도 말이다) 그래서 등장한 새로운 펀드가 투자자가 정하는 기간에 걸쳐 자산을 모두 배당으로 지급하는 상품이다. (이것은 항상 너무도 쉬운 일이었다!) 우리 회사에도 가급적 원본에 손대지 않으면서 자산의 3%, 5%, 7%를 배분하도록 구성된 펀드가 있다. 나중에 제대로 실행될지는 시간이 지나 봐야 알 수 있다. 그러나 펀드 산업은 은퇴한 투자자들에게 투자수익을 높여줄 방법이 있는데도 이에 대해 그동안 무심했던 듯하다. 하지만 위험당 수익을 건전하게 높이는 유일한 방법은 펀드 비용을 대폭 삭감하는 것이므로, 이렇게 고객에게 초점을 맞춘 혁신은 일어날 것 같지가 않다.

브릭스(BRIC, 브라질, 러시아, 인도, 중국) 펀드와
국제펀드

의심할 여지도 없다. 최근 몇 년 동안 브라질, 러시아, 인도, 중국의 수익률이 급등하자, 펀드 판매회사들은 재빨리 이런 상품들을 팔기 시작했다. 내 오랜 경험에 비추어 보면, 이런 식으로 과거 수익률이 높아서 인기를 끄는 상품에 휩쓸리면 투자자는 커다란 손실을 보기 마련이다. 물론 인도와 중국처럼 시장이 급락하면 (2008년 상반기에 30~50% 하락했다) 투자자들은 곧바로 흥미를 잃는다.

역사를 돌아보면, 미국 주식시장의 수익률이 세계에서 가장 높을 때는 국제시장으로 유출되는 자금 규모가 감소했다. 그리고 외국시장의 수익률이 더 높을 때는 유출되는 자금 규모가 급증했다. 미국 주식의 수익률이 외국 주식을 큰 폭으로 앞지르던 1990~2000년에 해외펀드로 유출된 자금 규모가 20%에 불과했던 것은 전혀 놀랄 일이 못 된다.[8] 이후 해외주식이 미국 주식을 앞지르자 상황이 역전된 것 역시 놀랄 일이 아니다. (2007년에 적어도 2,200억 달러가 해외 펀드로 유출되었고, 겨우 110억 달러만 국내 펀드로 유입되었다. 이제 위험신호가 나타난 셈이다!) 그러나 국제시장에서 가장 인기 있는 지역은 위험도 높으니 주의하라. (최근의 호황을 고려하더라도 1990년 이후 해외 주식의 수익률은 미국 주식의 수익률에 비하면 보잘것없다. 해외 주식은 연 6%였던 반면, 미국 주식은 연 10%였다.)

얼빠진 혁신

아무리 객관적인 금융전문가라도 이런 얼빠진 혁신을 편견 없이 바라보기는 어렵다. 근본적인 문제는, 시도해 본 적이 없는 고비용 전략으로 미래에 벌어들이게 될 수 익은 예측할 수도 없으려니와, 과장된 약속을 지키는 경우가 드물다는 사실이다. 또한, 문제는 이렇게 급증하는 복잡한 펀드들의 실패율이 (거의 공개되지 않는다) 깜짝 놀랄 정도로 높다는 사실이다. 『모든 주식을 소유하라』에서 나는 1970년에 존재했던 355개 펀드들 가운데 이후 35년 동안 생존한 펀드가 겨우 132개라고 밝혔다.

근래의 예를 보면, 2001년 초에 존재했던 6,126개 펀드 가운데 3,165개가 2008년 중반에 이미 역사의 뒤안길로 사라졌다. 펀드를 운용하는 매니저조차 '자신이 요리한 음식'을 먹지 않는 것도 놀랄 일이 아니다. 4,356개 주식 형 펀드 가운데 펀드매니저가 단 한 푼도 투자하지 않은 펀드가 2,314개나 된다. 겨우 7년이라는 짧은 투자 기간 에 살아남은 펀드가 절반밖에 안 된다면, 물정 모르는 투 자 대중이 펀드로 어떻게 장기투자 전략을 실행할 수 있 겠는가? 펀드를 운용하는 매니저 가운데 절반 이상이 지 금까지 생존한 자신의 펀드에 한 푼도 투자할 생각이 없 는데, 투자자들이 어떻게 펀드를 신뢰할 수 있겠는가?

실제로 투자자들은 이제 펀드를 그다지 신뢰하지 않는 것이 분명하다.[9] 한 유명한 펀드매니저가 (뱅가드는 아니다) 펀드 투자자들을 대상으로 조사한 바에 따르면, 투자자의 71%가 펀드 산업을 신뢰하지 않는 것으로 밝혀졌다. 응답자의 약 66%는 펀드 회사들이 투자자의 이익 보호에 책임을 지지 않는다고 말했다. 심각한 곤경에 처한 금융 부문 가운데서도 펀드 산업은 신뢰도 면에서 가장 밑바닥에 깔려 있다.

기본으로 돌아가라

나는 혁신이 다음과 같아야 한다고 믿는 사람이다. 혁신은 투명하고 일관되며 예측 가능하고 비용이 낮아야 한다. 혁신은 장기적으로 투자자에게 도움이 되어야 한다. 혁신은 과거에 통했던 방식이 아니라 미래에 통할 방식이어야 한다. 혁신은 투자자들의 위험을 최소화할 뿐만 아니라, 위험의 속성과 내용도 명확하게 설명해야 한다.

나는 복잡한 것에 대해 반대하는 사람이다. 나는 혼란

을 불러오는 복잡성에 반대한다. 투자자들이 이익을 얻을 가능성은 희박한데도, 비용만 높여서 개발자와 판매자의 배를 불리는 복잡한 상품에 반대한다.

이런 말이 인덱스펀드에 대한 나의 신념을 재확인하는 것처럼 들린다면, 당신은 내 생각을 제대로 파악한 셈이다. 오컴과 마찬가지로, 나도 가장 단순한 방법이 가장 좋은 방법이라고 믿는다. 이것이 장기적으로 성공투자에 이르는 가장 빠른 길이다.

나는 인덱스펀드 근본주의자이다. (펀더멘털 인덱스펀드 근본주의자는 아니다!) 원래 인덱스펀드의 단순한 설계(시가총액 가중으로 고도로 분산된 주식 포트폴리오)가 투자자들에게 여전히 가장 중요한 기준이라고 열렬히 믿는 사람이다. 만일 이런 생각이 정말로 옳다면, 다른 복잡한 인기 상품들은 가치를 잃게 된다. 앞에서도 보았듯이, 납으로 금을 만들려고 시도한 사람은 많았지만, 성공한 사람은 아무도 없다. 사실은 최근까지도 나는 필승전략이나 필승펀드를 미리 가려내는 기법을 개발하려고 전력을 다하고 있다. 그리고 그런 필승전략이 얼마나 오래가며, 과거에 우수한 실적을 올린 펀드매니저가 그 실적을 얼마나 유지할지 예측하려고 발버둥 치고 있다.

너무도 뻔한 결과

지금까지 나는 복잡성이 단순성을 누르고 득세하는 모습에 실망감을 감추지 못하는 구닥다리 늙은이의 모습을 확연히 드러냈다. 그러나 이는 당당한 모습이다!

다행히 내가 3장에서 내세운 거의 모든 입장을 우리 시대 학계에서 가장 박식하고 존경받는 분들이 인정해주었기 때문에 나는 마음이 평온하고 떳떳하다. 그런 분 중에는 노벨상 수상자인 윌리엄 샤프William Sharpe와 폴 새뮤얼슨도 있고, 워런 버핏을 비롯하여 우리 시대의 가장 성공적인 투자가들도 있다. 예일대학기금의 탁월한 최고투자책임자이며 흠잡을 데 없는 인품과 비교할 데 없는 지성을 갖춘 데이비스 스웬슨David Swensen이 존경받는 지성인들과 나를 대신해서 다음과 같이 말해주었다.

> 펀드 산업이 기본적인 시장기능을 상실한 것은 약아빠지고 탐욕스러운 금융 회사들과 고수익을 추구하는 순진한 투자자들의 합작품이다. 월스트리트와 펀드 산업의 이윤추구 동기가 수탁 책임을 짓밟아버렸고, 너무도 뻔한 결과를 불러왔다. … 펀드 산업은 시장보다 높은

수익률을 제공한다는 적극적 운용의 기본 목표를 여전히 달성하지 못하고 있다. … 학계의 체계적인 연구에서 보수적으로 분석한 바에 따르면, (뱅가드S&P500 인덱스 펀드와 비교했을 때) 10~20년 기간의 세금공제 전 기준으로 펀드의 실패율이 78~95%에 이른다. …

투자자들은 비영리기관에서 운용하는 펀드에 투자할 때 가장 유리하다. 회사가 투자자들의 이익에만 초점을 두기 때문이다. 이윤 동기가 없으므로 회사의 수탁 책임과 충돌할 일도 없다. 회사의 이익 때문에 투자자의 수익이 낮아질 일도 없다. 외부 기관과의 이해관계 때문에 펀드 매니저가 선택에 고심할 일도 없다. 비영리기관은 투자자의 이익을 확실히 앞세운다. 결국, 비영리 투자기관이 운용하는 소극적 인덱스펀드가 투자자의 꿈을 이뤄줄 가능성이 가장 크다. … 엄청나게 넓고도 복잡한 펀드의 세계에서 투자자에게 유리한 해법은 완전한 단순성뿐이다.[10]

한 마디로, 옳은 말이다.

스웬슨의 간결하고 고객 중심적인 전략과 단순한 고객 중심 구조에 대한 적절한 찬사는, 오늘날의 금융 시스템이 지나치게 복잡하고 혁신적이며, 그로 인해 과도한 비용을 초래하는 반면, 투자자 수익을 최소한으로 희석시키는 단순함은 턱없이 부족하다는 사실을 다시 한번 깊이 상기시켜 주었다.

BUSINESS

PART II

사업에 대한 태도

4장

숫자만 따질 뿐
신뢰는 부족하다

알베르트 아인슈타인은 (아마도 아이작 뉴턴을 제외하면) 맞먹을 상대가 없는 이론물리학자이다. 우주의 난해한 신비를 그만큼 계량화한 사람은 역사상 아무도 없었다. 그러나 그는 수학적 재능이 신통치 않았다.

"수학이 어렵다고 걱정하지 말라. 내가 당신보다도 훨씬 더 고전하고 있다."

실제로 아인슈타인은 계량화의 한계를 충분히 인식하고 있었으며, 계량화만 잘하면 세상의 원리를 더 잘 이해할 수 있다는 사고방식이 틀렸다고 믿었다. 뉴저지주 프린스턴 고등연구소Institute for Advanced Study in Princeton의 사무실에 걸려 있는 그의 글은 과학과 마찬가지로 모든 사람에게도 적용된다.

> 중요하다고 해서 반드시 셀 수 있는 것은 아니며, 셀 수 있다고 해서 반드시 중요한 것도 아니다.[1]

이 원칙은 사업 운영에도 적용된다. 물론 상대성 원리의 아버지인 아인슈타인 역시 상대적으로 보아야 한다. 모두 신뢰할 수는 있지만 전혀 셀 수 없는 사업은 없다. 마찬가지로, 모두 셀 수는 있지만 전혀 신뢰할 수 없는 사업도 없다. 나는 본능적으로 세는 쪽보다는 신뢰하는 쪽으로 훨씬 기울지만, 결국은 균형이 중요하다. 차트, 그래프, 표 등 통계를 동원하면 사업에서 거의 무엇이든 입증할 수 있지만, 계량화할 수 없는 가치도 바위처럼 확고하게 자리를 지키고 있다.

1948년 프린스턴 대학교 2학년 시절에 수업 내용이 머릿속에 들어오기 시작했다. 폴 새뮤얼슨의 『경제학』 초판을 공부하면서 나는 경제학에 흥미를 느끼기 시작했다. 당시에는 경제학이 주로 개념적이었고 고풍스러웠다. 수업에서 다룬 내용은 경제학 이론과 (애덤 스미스, 존 스튜어트 밀, 존 메이너드 케인스 등) 18세기 이후의 세계적인 경제학자들이었다. 오늘날과 같은 방식의 계량적 분석이 없었다는 점이 오히려 특이하다. 내가 기억하기에 미적분학은 전공필수과목도 아니었다. [퀀트(Quants, 정량분석)는 경제학 분야에 아직 도입되지도 않았다. 근래 수십 년 동안 정량분석 전략가들이 금융 부문에 넘쳐났지만, 최근 약세장에서 보여준 이들의 실적은 들쭉날쭉했다.]

최초의 전자계산기가 경제학과 증권시장 연구에 현저한 변화를 불러온 데 대해서 나는 칭찬을 해야 할지 비난을 해야 할지 도무지 모르겠다. 그러나 개인용 컴퓨터의 성능이 놀라울 정도로 강력해지고 정보의 시대가 열리게 되자, 정량적 분석이 경제학을 장악하게 되었다. 아인슈타인의 탁월한 조언을 사람들은 망각한 듯했다. 셀 수 없으면 중요하지 않은 것처럼 보인다.

나는 이런 삼단논법에 동의하지 않는다. 셀 수 없다고 해서 하찮게 여기는 태도야말로 무지라고 나는 굳게 믿는다. 사람들은 경제활동에서 핵심적 역할을 담당하는 인간의 신뢰, 지혜, 인격, 윤리적 가치, 마음과 영혼 등 측정 불가능한 것까지 정량화하려고 시도하지만, 이러한 측정의 함정에 대해서 논의하기 전에 나는 정부, 금융, 기업이 투자자와 현대 사회에 제공하는 통속적인 측정에 대해서 논의하고자 한다.

　현재 우리 사회는 경제와 금융 분야에서 숫자를 지나치게 신뢰한다. 그러나 숫자는 현실이 아니다. 기껏해야 현실을 흐릿하게 반영한 데 불과하다. 최악의 경우에는 우리가 측정하려는 진실을 철저히 왜곡하기도 한다. 그러나 피해는 여기서 끝나지 않는다. 우리는 과거의 경제 및 시장 데이터에 크게 의존하는 데 그치지 않는다. 우리는 낙관적 편향에 휩쓸려 데이터를 잘못 해석하고 이를 과도하게 믿어버린다. 숫자를 숭배하고 측정 불가능한 것을 도외시함으로써 우리는 사실상 숫자 경제를 만들어내어 실물 경제를 잠식하고 있다.

숫자를 짜 맞추는 정부

　우리가 믿을 수 없는 숫자 가운데 다수가 역설적이게도 연방정부에서 산출한 숫자이다. 《하퍼스Harper's》지 2008년 8월호에 실린 기사 「숫자 조작Numbers Rackets」에서 케빈

필립스Kevin Phillips는 우리가 정부 데이터에 엄청나게 속고 있다고 지적했다. 이 가운데는 GDP, 실업률, 인플레이션율 등 국민 사이에 대화 주제가 된 핵심 숫자도 있다.

- 우리 GDP에는 자가 주택에서 거주하는 경우의 추정 소득 가치, 무료 수표발행계좌가 주는 혜택, 고용주가 지불하는 보험료의 가치 등 이른바 귀속소득이 포함되는 것으로 밝혀졌다.
- 노동통계국Bureau of Labor Statistics은 2008년 중반 실업률이 (연초의 5.0%보다 오르기는 했지만) 비교적 낮은 5.2%라고 자랑스럽게 발표한다. 그러나 실업자 수에는 구직을 포기한 사람, 정규직을 찾는 비정규직, 일자리를 원하지만 적극적으로 찾지 않는 사람, 사회보장 장애연금 수령자 등이 빠져 있다. 이런 실업자들까지 포함한다면 실업률은 거의 2배에 이르는 9.0%가 된다.
- 소비자물가지수 과소평가는 더 기가 막힌다. 몇 년 전부터 주거비에 '주택보유자의 임대료 상당액owner's equivalent rent'이 포함되었는데, 이 덕분에 최근 주택 호황 기간에 인플레이션율이 크게 하락했다. 제품 대체라는 개념도 도입되었는데, 이는 최고급 햄버거가 너무

비싸지면 대신 더 싼 햄버거를 먹는다는 뜻이다. 그리고 (이것은 농담이 아니다!) 품질 향상 때문에 비용이 증가한 경우에는 비용을 무시한다. ('쾌락적 조정'이다) 즉, 항공료가 2배로 오르더라도 여행 서비스가 2배로 효율적이 되었다면 항공료는 바뀌지 않은 것으로 계산한다.

역사가 되풀이된다고 믿게 하는 금융

투자 분야에서 우리가 벌이는 계산도 결함투성이다. 주식이 투기가 아니라 투자라고 생각하게 된 것은 1925년 에드거 로런스 스미스Edgar Lawrence Smith의 『장기투자로서의 주식Common Stocks as Long-Term Investments』이 발간될 때부터였다고 한다. 그 판박이로 최근 다시 나타난 책이 1994년 출간된 제러미 시겔Jeremy Siegel의 『주식에 장기투자하라Stocks for the Long Run』이다. 두 책 모두 뻔뻔스러울 정도로 주식을 옹호했고, 논란의 여지는 있지만 이후 대형 강세장이 시작되는 데 기여했다. 물론 두 번의 강세장 뒤에는 과거 100년 동안 겪었던 중 최악의 약세장도 두 번 겪었다.

두 책 모두 데이터가 넘치지만, 시겔의 책은 컴퓨터가 주도하는 숫자의 시대에 걸맞게 데이터가 한없이 등장하므로 전에 나온 책이 무색할 정도이다. 시겔은 200년 역사에 걸쳐 미국 주식의 실질 수익률이 연 7%에 수렴했다고 명확하게 주장했다. (평균 3%였던 인플레이션을 고려하지 않으면 명목 수익률은 약 10%였다)

그러나 내가 당혹스러워하는 것은 『주식에 장기투자하라』에 등장하는 정보의 성찬 때문이 아니다. 누가 지식에 반대하겠는가? 프랜시스 베이컨이 말했다.

"아는 것이 힘이다."

내 우려는 너무도 많은 사람이 주식시장의 역사가 되풀이된다고 암묵적으로 가정한다는 사실이다. 그러나 시장의 미래를 내다보는 유일하게 타당한 관점은 역사가 아니라 2장에서 논의했던 주식 수익률의 원천(배당과 이익 성장)이다.

이번에도 전문가들이 틀렸다

전문가들이 자주 틀린다는 점은 자명한 사실이다. 우리는 도대체 어떤 어리석은 전문가가 과거 수익률을 보고 미래 수익률을 예측할까 의아해할 것이다. 그러나 세상에는 바로 이런 식으로 예측하는 투자 자문과 분석가들이 넘쳐난다. 요즘 유행하는 이른바 몬테카를로 시뮬레이션을 살펴보자. 이 시뮬레이션 기법의 문제점은 단지 과거 수익률에만 의존하기 때문에 이런 수익률의 원천을 무시한다는 사실이다. (이 기법에서는 주식의 월간 수익률을 섞은 다음 확률을 이용해서 무한수열과 조합을 만들어 낸다)

물론 투기적 수익률(주가수익배수의 변동에서 비롯되는 수익률)은 장기적으로 제로에 수렴한다. 그리고 기업의 이익 성장은 대체로 우리 경제의 명목 성장률과 비슷하다. (놀랄 일이 아니다!) 그러나 배당수익률은 과거 평균이 아니라 주식의 미래 수익률을 예측하는 시점의 실제 배당수익률이 중요하다. 2008년 7월의 배당수익률이 2.3%인데, 지금보다 2배나 높은 과거 평균 배당수익률 5%가 무슨 소용이 있는가? (정답: 아무 소용이 없다) 2008년 중반을 기준으로 미래 주식의 실질 수익률을 합리적으로 예상한다면, 과거 평균인 7%가 아니라 5% 안팎이 되어야 한다.

이보다 더 기초적인 계산방식이 어디 있는가? 그러나 복잡한 계산에서는 이런 기초를 간과한다. 단순한 진실을 전달하지 못하기 때문이다.

심지어 박식한 기업의 임원과 연금 컨설턴트도 똑같은 잘못을 저지른다. 실제로 기업의 연차보고서를 보면 다음과 같이 쓰여 있다.

"우리 자산의 수익률 가정은 보험 회계사와 자산운용 그룹의 상세한 분석을 통해 도출되었으며 과거의 장기 수익률에 바탕을 두고 있습니다."

이런 정책 때문에 기업들은 과거 수익률이 올라갈 때마다 미래 수익률 예측치도 올린다. 그러나 이는 합리적 사고방식과는 정반대가 되는 행동이다.

예를 들어 1980년 초 강세장이 시작되자 주요 기업들은 연금자산의 미래 수익률을 7%로 예측했다. 2000년 시장이 절정에 도달하자 거의 모든 기업이 예측치를 10% 이상으로 크게 올렸다. 연금 포트폴리오는 주식과 채권으로 구성되므로 이들은 주식의 수익률을 연 15%까지 암묵적으로 예측한 셈이다. 그러나 약세장이 오자 이들의 예측은 서투른 농담이 되고 말았다.

만일 기업의 재무담당 관리자들이 컴퓨터를 끄고 대신 존 메이너드 케인스의 책을 읽었다면, 숫자가 절대 말해주지 않는 사실들을 알았을 것이다. (세기말의 흥분과 정보 시대 및 신경제가 주는 환상적인 약속이 낙관주의, 과열, 탐욕과 어우러지면서) 감정이 만들어낸 호황의 거품은 터질 수밖에 없음을 알았을 것이다. 물론 2000년 3월 말에 거품이 터졌다. 이때가 10%대의 장밋빛 성장 전망이 담긴 화려한 연차보고서가 막 인쇄되는 시점이었다.

투자자들은 과거 수익률의 함정에 빠지는 대신, 현재 수익률의 원천을 바탕으로 미래 수익률을 예측하는 편이 현명했을 것이다. 2000년 초의 배당수익률은 역대 최저인 1% 남짓이었고, 주가수익배수는 역대 최고인 32배나 되었다. 바로 이런 이유로 2000년대에 들어와 주식의 평균 수익률이 연 1%에도 미치지 못하는 실정이었다. 2009년 말에도 시장이 현재와 같은 수준을 유지한다면 10년 수익률이 역사상 두 번째로 낮은 수준을 기록하게 된다. (1930년대에 S&P500의 평균 수익률이 연 0.0%였다)

기업의 낙관적 편향

그러나 우리 자본시장만 위험할 정도로 숫자를 확신하는 것이 아니다. 사실은 우리 기업들 역시 지나치게 숫자에만 매달려서 운영했기 때문에 경제가 이런 위기를 맞이했다.

CEO들이 자기 회사의 성장을 예측한 실적은 그야말로 형편없었는데, 이들의 낙관적 편향은 분명 자신의 이익 때문이었다. 애널리스트들은 이런 숫자를 더 객관적으로 바라보아야 하지만, 번번이 너무도 비판 없이 장밋빛 안경을 쓰고 이런 예측에 소극적으로 가담한다.

자신이 담당한 기업의 안내를 받으면서 월스트리트 애널리스트들은 지난 수십 년 동안 기업의 5년 이익 성장을 매년 예측했다. 이들이 예측한 평균 성장률은 연 11.5%였다.[2] 그러나 기업의 실제 성장률이 예측치를 충족한 경우는 20회 가운데 3회에 불과했다. 그래서 기업들의 실제 평균 이익 성장률은 원래 예측치의 겨우 절반인 6% 남짓이었다.

그러면 기업의 예측치와 실적 사이에 왜 이렇게 큰 차이가 나는가? 기업 전체의 이익은 우리 경제의 성장률과 밀접하게 관계를 맺고 있다.[3] 기업의 이익이 GDP의 4.5%에 못 미치는 해도 드물었고, GDP의 9%를 넘어가는 해도 드물었다. 1929년 이후 세후 이익의 성장률은 연 5.6%였는데, 이는 GDP 성장률 6.6%보다 실제로 뒤처지는 실적이었다. 경쟁이 치열하고 소비자가 왕인 자본주의 경제에서 기업의 이익이 어떻게 GDP보다 빠르게 성장할 수가 있겠는가?

우리의 낙관적 편향은 다른 심각한 약점도 만들어냈다. 아무도 눈치채지 못하는 사이에 이익의 정의 자체가 바뀌었다. 스탠더드 앤드 푸어스가 처음 데이터 수집을 시작한 이후 기업들은 일반적으로 인정된 회계원칙에 따라 주주들에게 이익을 보고했지만, 최근 기준이 **영업이**익으로 변경되었다.

영업이익은 재고자산 재평가, 자본 상각 등 흔히 투자 실패나 과거의 합병에서 발생한 너저분한 비용을 제외한 이익을 말한다. 이들은 1회성 비용으로 간주되는데, 기업들 전체로 보면 이런 비용은 매년 놀라울 정도로 일관되게 발생하는 비용이다. 공식적으로 지난 10년 동안 S&P500 지수의 이익은 평균적으로 주당 연 51달러였지만, 영업이익은 61달러였다. 사람들을 현혹하는 이런 숫자는 우리가 실제로 믿을 수 있는 숫자보다 20%나 높다.

게다가 이제는 불쾌한 사건을 제외하고 발표하는 기업

실적인 추정 순이익이 등장했다. (한때 훌륭한 용어였지만 이제는 오싹한 표현이 되어버렸다) 이렇게 '나쁜 내용을 제외한' 계산이 우리를 잘못된 방향으로 한 걸음 더 나아가게 만든다. 손익계산서 재작성 건수가 1997년 90건에서 2006년 1,577건으로 18배나 급증했으므로, 이제는 감사가 공인한 이익조차 의심받는다. 이것이 격식을 갖춘 기업회계보고처럼 보이는가? 전혀 그렇지 않다. 실제로는 정반대로 보인다.

느슨한 회계기준 덕분에 아무 근거도 없이 이익을 만들어내는 일이 가능해졌다. 인기 있는 기법의 하나는 기업을 인수하여 막대한 1회성 비용을 일으켜 두었다가 나중에 영업실적을 끌어올릴 필요가 있을 때 이를 뒤집는 방법이다. 그러나 우리 회계기준의 몰락은 여기서 그치지 않는다.

주요 항목을 과감하게 무형자산으로 분류하고, 연금기금의 예상수익을 과대계상하며, 고객에게 구입 자금까지 융자해주면서 매출실적을 만들어내고, 분기 말에 매출을 밀어내기 위해서 특별 거래를 일으키기도 한다. 숫자에 맞춰 실적을 달성하지 못하면 숫자를 바꿔버린다. 우리가 대강 **창의적** 회계라고 부르는 것들이 사실은 **분식회**

계와 한걸음 떨어져 있을 뿐이다.

계산이 현실 세계에 미치는 영향

　정부가 사실상 장부를 조작하여 경제에 대한 평가를 왜곡하고, 금융기관들이 과거 실적을 맹신하며, 기업들이 의도적으로 이기적인 낙관주의를 내세운다면, 그 파장은 불행한 숫자상의 왜곡을 크게 넘어선다. 이런 뿌리 깊은 결함은 사회에 영향을 미치는데, 대부분 부정적인 영향이다.

　예를 들어, 주식시장수익률이 보험통계표에 나오는 숫자처럼 결정된다고 믿는 투자자가 있다면, 그는 투자수익률의 변동성과 투기적 수익의 불확실성에서 필연적으로 발생하는 위험에 무방비 상태가 된다. 따라서 그는 현명하지 못한 자산 배분을 하기 쉽다. 연금기금이 이런 잘못을 저지르면, 현실적으로 문제가 발생할 때 기금 출연금을 확대해야만 한다. 투자자가 과거 금융시장의 수익률 실적에만 의지한 채 중개 기관이 떼어가는 엄청난 비용과 세금을 무시하면서 퇴직 준비를 한다면, 그의 준비는 안락한 노후를 보장하기에 턱없이 부족할 것이다.

계산이 현실 세계에 미치는 예가 또 있다. 우리 금융시스템은 기업들에 실제로 지속하기 어려운 이익 성장 실적을 요구해왔다. 장기적으로 바람직한 방법은 생산성을 높이고, 더 적시에 더 친절하게 더 효율적으로 서비스를 제공하며, 조직원들이 함께 더 효과적으로 일하게 유도하는 것이다. (이것이 최고의 기업들이 성공을 이룬 방법이다) 그러나 기업이 아무리 노력해도 이런 숫자 목표를 달성할 수 없게 되면 이들은 다른 방법을 쓸 수밖에 없다. 그 방법은 대개 당신과 나와 우리 사회로부터 가치를 빼가는 방법이다.

금융이 제멋대로
기업에 지시한다

그런 방법 가운데 하나가 적극적으로 인수 및 합병 전략을 펼치는 것이다. 그러나 대부분 기업 인수는 원래의 목표달성에 실패한다. 이런 전략을 추구하는 기업에 대해서 2002년 《뉴욕타임스》 특집기사에서는 이렇게 표현했다.

"수많은 회사를 연달아 인수할 경우, 장기간 경영이 신통치 않았던 사실을 숨기기가 수월하다."[4]

근래 가장 악명 높은 사례로 꼽히는 타이코 인터내셔널 Tyco International은 심판의 날을 맞이하기 전까지 700개 기업을 인수했다. 그러나 《타임스Times》에서 설명했듯이, 이런 전략의 최종 결과는 이미 예정되어 있었다.

"사기의 왕국은 시장의 징벌을 받아 순식간에 파멸할 수 있다."

이런 기업 인수 활동은 터무니없는 수준까지 이르렀다. 2007년 5월 《뉴욕타임스》에 실린 마이클 킨슬리 Michael Kinsley의 기사에 따르면, 1946년 워런 에이비스 Warren Avis는 아이디어가 떠올라서 에이비스 에어라인 렌터카Avis Airlines Rent-a-Car를 설립했다.[5] 2년 뒤 그는 이 회사를 다른 사업가에게 팔았고, 그 사업가는 또 아모스 키그Amoskeag라는 회사에 팔았으며, 이 회사는 라자드 프레레Lazard Freres에 팔았고, 또 이 회사는 거대 복합기업인 ITT 코퍼레이션ITT Corporation에 팔았다. (이 모든 거래가 완료된 시점이 1965년이었다!) 에이비스는 모두 열여덟 번 주인이 바뀌었는데, 킨슬리의 기사에 따르면 매번 은행에 수수료를 지불했고, 변호사에게도 수수료를 지불했으며, 고위 임원들에게 보너스를 지불했고, 회사가 이런 비용을 지불해야 하는 근거도 제시했다.

이후에도 이야기는 복잡하게 이어진다. 에이비스는 다시 상장기업이 되었다가, 또다시 복합기업 소유로 넘어갔다. (노턴 사이먼 에스마크 비어트리스 푸즈Norton Simon, Esmark, Beatrice Foods) 이어 워스레이 캐피털Wesray Capital에 팔렸고, 이 회사는 절반은 PHH 그룹에 팔고 나머지 절반은 에이비스 직원들에게 팔았는데, 직원들은 이를 HFS 코퍼레이션HFS Corporation에 팔았고, 이어 상장된 뒤 에이비스는 PHH를 인수했다. 이어서 이렇게 결합된 회사를 센던트Cendant가 인수했다. 후유!

킨슬리는 이렇게 요약했다.

"현대 자본주의는 사업과 금융 두 부분으로 구성된다. 사업은 공항에서 차를 빌려주는 일이다. 금융은 그 이외의 일이다."

오늘날 우리가 사업이라고 부르는 것은 대부분 금융이다. (민스키의 얼굴빛이 어두워지는 듯하다) 나는 감히 주장하는데, 워런 에이비스가 만든 회사로 복잡한 거래 게임을 벌였던 금융업자들이 실제 주주들보다도 돈을 훨씬 더 많이 벌었을 것이다.

'가위, 바위, 보'

에이비스의 파란만장한 이야기는 수많은 제조업체가 (제조가 아니라 셈만 하는) 금융회사로 바뀌었음을 설득력 있게 보여준다. (CEO의 고위 측근은 거의 예외 없이 최고재무책임자CFO이다. 그래서 투자업계에서는 CFO를 흔히 숨은 실력자로 간주한다.) 킨슬리의 《뉴욕타임스》 기사를 한 번 더 인용한다.

"이런 회사들은 자신의 사업을 더 잘하는 것보다 좋은 거래를 찾아내는 편이 더 실속 있다고 생각한다."

당신은 '가위, 바위, 보' 게임을 알 것이다. 바위는 가위를 누르고, 가위는 보를 누르며, 보는 바위를 누른다.

나의 책『만국의 주주들이여 단결하라The Battle for the Soul of Capitalism』에서도 언급했지만, 주가가 가치보다 크게 떨어지면 보가 바위를 잡아먹는다. 셈만 하는 '보' 기업이 제조를 하는 '바위' 기업을 인수하여 철저하게 파괴한다. 아메리카 온라인America Online(AOL)과 타임 워너Time Warner의 합병, 퀘스트 커뮤니케이션Qwest Communications과 유에스 웨스트U. S. West의 합병, 월드컴WorldCome과 MCI의 합병에서 어느 쪽이 '보'이고 어느 쪽이 '바위'인지는 두말할 필요도 없다. 이들은 제조업체가 위기를 맞이했을 때 적대적 기업 인수의 대상이 되었던 가장 통렬한 사례들이다. 장기 근무한 충성스러운 직원 수십만 명이 일자리를 잃었고, 퇴직금도 무자비하게 삭감당했다.

분별력이 승리해야 한다

오해를 피하고자 분명히 밝혀두는데, 나는 숫자가 중요하지 않다는 뜻이 아니다. 재무 목표를 세우고 성과를 관리하려면 측정의 기준을 정하는 일이 필수적이다. 나도 그 정도는 안다. 그러나 지난 40년 동안 나도 회사를

(그것도 금융회사를) 세우고 경영해왔지만, 몇몇 상식적인 투자 아이디어, 인간의 가치와 윤리 기준에 대한 합리적 감각, 회사와 고객 사이의 신뢰에 훨씬 더 관심을 쏟았다. 우리는 정량 목표와 통계 실적에 의한 측정을 피하려고 최선을 다했다. 나는 수도 없이 말했지만, 뱅가드의 시장점유율은 **수단**이 되어야 하지 **목표**가 되어서는 안 된다. 노력해서 얻어야 하지 돈으로 사서는 안 된다. 실제로 펀드 산업에서 우리의 시장점유율은 지난 28년 동안 한 번도 거르지 않고 계속 상승했다.

우리는 최고의 성장이 회사의 이익보다 고객의 이익을 앞세울 때 이루어진다고 확신하며 전략을 수립했다. **성장은 유기적으로 이루어지는 것이지, 억지로 되는 것이 아니다.** 어떤 회사도 (특히 뱅가드처럼 거대한 회사의 경우에는 더욱더) 숫자를 전적으로 무시할 수가 없다. 그러나 나는 신뢰를 중시하는 회사와 계산을 중시하는 회사 사이에서, 전자에 극단적으로 치우치는 경영 스타일을 고집했다. 뱅가드에서 일해본 사람이라면 누구든지 우리 회사를 전자로 평가해주기를 나는 강력히 희망한다. 나는 수십 년 동안 이런 관점을 다음과 같은 경구에 담아 강조하려고 노력했다. (이 경구는 우리 회사의 수많은 책상 앞에 걸

려 있다)

"모쪼록 분별력이 절차에 대해 승리를 거둘 수 있는 곳
이 되도록 항상 뱅가드를 지킵시다."

신뢰의 정신

신뢰에 대한 나의 확신은 황금률에서 온 것이다. 성경
에 따르면 우리는 이웃을 사랑해야 하고, 남의 인격을 심
판해서는 안 되며, 남에게 대접을 받고자 하는 대로 남
을 대접해야 하고, 남에게 받기를 원치 않는 것은 남에게
베풀지 말아야 한다. 뱅가드호HMS Vanguard의 선장이자 탁
월한 리더였던 뱅가드 회사의 수호성인 호레이쇼 넬슨도
이 황금률을 다시 확인했다. 다음은 2005년 10월 23일 런
던 세인트폴 대성당St. Paul's Cathedral에서 거행된 넬슨 제독
의 트라팔가르 해전 서거 200주년 기념 미사에서 아내 이
브와 내가 들은 강론이다.

넬슨은 분명 유능한 전문가이자 열심히 노력하는 관리

자였습니다. … 그러나 결단의 시점이 오면 리더는 내면 깊숙한 곳에서 솟아나는 근본적인 확신과 소명감이 있어야 합니다. 이것이 건전한 자신감과 두려움을 극복하는 능력과 극단적인 상황에서 부하들을 격려하는 힘의 원천입니다. 어느 교육시스템이든지 유능한 리더와 부하들을 육성하고자 한다면, 이러한 근본적인 확신을 매우 진지하게 형성해야만 합니다.

그런데 시대가 하도 이상하여 사람들은 원소주기율표처럼 계량화가 가능하여 수학적 진실로 요약할 수 있는 것은 현실 세계를 정확히 묘사한다고 보지만, (그리스도가 산상 수훈에서 가르친) 여덟 가지 참 행복과 세상의 지혜로운 전통이 주는 가르침은 논쟁의 여지가 있는 죽은 현자들의 의견이라고 간주합니다.

넬슨의 소명의식은 영적 생활과 이웃에 대한 사랑을 동시에 키워나가는 전통 속에서 개발되었습니다. 넬슨은 부하 선원들을 지키고 돕기 위해서라면 어떤 수고도 마다하지 않았습니다. 그가 부하들을 신뢰하자 부하들도 서로 신뢰하게 되었고, 이들은 최고의 능력을 발휘했으며, 넬슨에게뿐만 아니라 자신의 신념에도 헌신하게 되었습니다. … 이들은 신뢰를 받게 되자, 자신의 가치를

신뢰하게 된 것입니다.[6]

계산이 우선인가

그러면 숫자가 신뢰를 압도하는 이 현실에 어떻게 대응해야 하는가? 나는 영국의 사회 비평가이자 『불만의 합계The Sum of Our Discontent』의 저자 데이비드 보일David Boyle에게서 답을 얻고자 한다.

우리는 인생이 숫자와 계산에 완벽하게 압도당하는 시대에 살고 있으며, 갈수록 '목표'에 의해 통제받고 있다. … 무서운 일은, 컴퓨터가 거의 모든 것을 계산하고 측정할 수 있다는 이유로 우리 역시 계산하고 측정해야 한다는 점이다. 한때 우리는 자신의 판단, 상식, 직관만으로도 자신이 아픈지를 알 수 있었다. 그러나 지금은 먼저 측정하지 않고서는 아무것도 할 수 없을 정도로 심각한 상황이 되었다.
숫자와 측정은 예리하고 직관적인 인간의 질문 앞에서는 벌거숭이 임금님의 옷만큼이나 공허하다. 정말로 중요한 것을 측정하려고 더 가까이 다가갈수록 그것은 우리 손에서 더 많이 빠져나간다. 하지만 때로는 우리가 순식간에 깨달을 수도 있다. 깨달음의 순간과 그 순간을 포착하는 자신의 능력에 더 의지하는 것이, 아마도 우리 모두가 바랄 수 있는 최고의 희망이다.[7]

그러나 계산보다 신뢰가 더 중요하다고 주장하는 사람이 사회 비평가들만 있는 것은 아니다. 의료기술 선도 기업 메드트로닉Medtronic의 대표를 역임한 모범적인 기업 리더 빌 조지Bill George의 말을 들어보자.

"신뢰가 가장 중요합니다. 고객이 제품을 신뢰하고 직원이 리더를 신뢰하며, 투자자가 투자회사를 신뢰하고, 대중이 자본주의를 신뢰해야 성공할 수 있기 때문입니다. … 우리가 정직하지 않다면 아무도 우리를 신뢰하지 않을 것이고, 신뢰해서도 안 됩니다."[8]

공허한 계산

나에 대해서 오해하지 말기 바란다. 나는 계산을 존중

하는 사람이다. 사업은 경쟁이 치열하고 관리하기 힘들 다는 사실을 나만큼 실감하는 사람도 없을 것이다. 그래 서 대부분 기업은 토머스 홉스Thomas Hobbes의 유명한 표현 을 빌리면 '고독하고, 빈곤하며, 더럽고, 잔인한 데다가, 짧은' 생애를 마감한다. 기업은 경쟁에서 버티지 못하면 사라진다. 이런 상황에서 우리는 목표와 측정 가능한 성 과지표를 수립하여 사람들에게 실적을 책임지게 할 수밖 에 없다. 그러나 신뢰가 없으면 계산은 기껏해야 공허한 행동이며 최악의 경우에는 위험한 수단이 된다.

당신이 내 생각에 동의하든 안 하든, 내 입장은 확고 하다. 거의 40년 전인 1972년에 나는 웰링턴 매니지먼트 Wellington Management Company 직원들에게 보내는 신년사에서 대니얼 얀켈로비치Daniel Yankelovich의 말을 인용하면서 끝 맺었다.*

1단계는 측정하기 쉬운 것을 측정하는 방법입니다. 측

---

* 하버드에서 공부한 얀켈로비치는 당시 최고의 마케팅 조사 회사를 설립했으며, 회 계 조작에 대해서 누구보다도 잘 알고 있었다.

정이 가능하다면 이 방법은 문제없습니다. 2단계는 측정이 불가능한 것에 임의적인 숫자를 부여하거나 무시하는 방법입니다. 이것은 인위적인 방법이며, 사람들을 속이는 행위입니다. 3단계는 실제로 측정이 불가능한 것을 그다지 중요하지 않다고 가정하는 방법입니다. 이것은 무분별한 행동입니다. 4단계는 측정이 불가능한 것이 실제로 존재하지 않는다고 말하는 방법입니다. 이것은 자살행위입니다.[9]

나는 이 말이 현재에도 옳은 말이며, 어느 때보다도 타당하다고 확신한다. 기업들은 '셀 수 있는 것이라고 해서 모두 중요하지는 않다는 사실'을 깨달아야 한다. 그런데도 현재 우리는 계산에만 지나치게 의지할 뿐, 신뢰는 경시하고 있다. 지금은 (사실은 많이 늦었다) 둘 사이에서 건전한 균형을 이뤄야 할 때이다.

True Measures of Money, Business, and Life

5장 _____

사업 행위는 넘치지만
전문가의 품격은 부족하다

전통적가치에 대해 엄격했던 태도가 현대에 들어 유연하게 바뀐 과정은 전문가협회들이 점차 영리단체로 변질한 현상을 보면 매우 명확하게 드러난다. 권력과 마찬가지로 돈도 나라의 건전한 기능을 저해한다.

전에는 이러지 않았다. 40여 년 전만 해도 미국예술과학아카데미가 펴내는 유서 깊고 유명한 간행물 《대덜러스Daedalus》는 이렇게 선언했었다.

미국은 일상의 모든 분야에서 전문직이 성공을 거두고 있다.

그러나《대덜러스》는 2005년 여름 호에서 이 주제를 주요 기사로 다시 다루면서 과거의 성공이 단명에 그쳤다고 지적했다.

　　"우리나라의 전문직들은 전혀 새로운 온갖 압력에 점차 굴복하게 되었다. 계속 영역을 확대하는 신기술로부터 갈수록 중요해지는 영리 목적 등 압력은 다양했다."

　　기사는 "사회에서 권력과 자원을 대부분 보유하고 있는 비전문가들이 강력한 시장 세력을 형성하게 되었으므로, 전문가와 비전문가를 구분하기가 갈수록 어려워졌다."라고 지적하면서, 이 때문에 소명의식이 계속 약해진다고 설명했다.

　　먼저 전문직과 전문가가 무슨 뜻인지 살펴보자.《대덜러스》는 전문직에 다음과 같은 여섯 가지 공통 속성이 있다고 정의했다.[1]

1. 해당 고객의 이익과 사회 전반의 복리를 위해 헌신한다.
2. 이론체계나 전문지식을 보유한다.
3. 직업에 고유한 전문적 기술, 경험, 작업이 있다.

4. 윤리적 판단이 필요한 상황에서 정직하게 판단할 능력이 있다.

5. 개인적으로나 집단적으로나 체계적인 방법을 동원해서 경험으로부터 학습하므로, 시간이 흐르면서 경험에서 얻는 새로운 지식이 증가한다.

6. 전문가 단체가 전문가들의 영업과 교육에 대해 감시하고 감독한다.

《대덜러스》는 다음과 같은 멋진 말을 덧붙였다.

"전문직의 첫 번째 특성은 책임감 있게, 사심 없이, 현명하게 봉사하는 것이며 … 전문가와 사회 사이에 뿌리 깊은 윤리적 관계를 확립하는 일이다."

시대가 바뀌었다

전문직이라고 하면 사람들은 먼저 의사, 변호사, 교수, 엔지니어, 건축가, 회계사, 성직자 등을 떠올릴 것이다. 내 생각에는 다른 사람의 돈을 관리해주는 수탁자와 언론인도 여기에 포함할 수 있을 것이다. 그런데 이런 전문직 모두 전통적 가치가 분명히 훼손되고 있다. 이렇게 가치 훼손을 주도하는 세력은 전혀 중요하지도 않은 것을 정밀하게 계산하려고만 덤벼드는 우리 사회이다. 마구 날뛰는 시장 세력은 전문직에 대한 사회의 전통적 신뢰를 크게 위협했을 뿐만 아니라, 때로는 수 세기에 걸쳐 확립된 전문가의 품격 규범을 철저히 파괴하기도 했다.

슬픈 이야기지만, 내가 평생을 바친 펀드 산업을 포함한 금융서비스 산업이 이런 유해세력의 앞잡이가 된 듯하다. 자산운용 분야는 영업이 한때 보조수단이었지만, 이제는 전문가의 품격이 보조수단으로 전락해버렸다.

하버드 비즈니스 스쿨 라케시 쿠라나Rakesh Khurana 교수는 진정한 전문가의 품격을 다음과 같이 적절하게 정의했다.

"나는 사회로부터 가치를 빼먹지 않고, 사회를 위해서 가치를 창조하겠다."

우리 사회에서 수많은 사람이 바로 이런 방식으로 가치를 창조하고 있다. 가치는 상품 제조를 통해서도 창조되지만, 앞에서 언급한 전문직에 의해서도 창조된다. 그러나 금융 업종에서는 가치를 창조하지 않는다.[*] 앞에서도 언급했지만, 자산운용업은 기업이 올린 이익으로부터 가치를 빼가며, 자신의 이익을 극대화하는 일에 몰두한 나머지 전문직에 따르는 소명의식을 망각했다.

이런 식으로 전문가의 품격에서 벗어났다가 참혹한 결과를 맞이한 사례는 쉽게 찾아볼 수 있다. 공공부문 회계에서 활동하던 과거 8대 회계법인들(지금은 네 개만 남았다)은 회계감사 고객 기업들에 컨설팅 서비스를 제공하여 엄청난 수익을 거두다가, 점차 고객 기업들의 사업 파트너가 되면서 일반적으로 인정된 회계원칙에 따라 독립적이고 전문가적으로 평가해야 한다는 본분을 망각했다. 고객 기업 엔론이 파산한 뒤 2003년 파산한 아서 앤더슨 Arthur Anderson의 경우는 이런 이해 상충 관계가 빚어낸 극적인 사례의 하나에 불과하다.

이런 사례는 내게 전혀 새삼스럽지가 않다. 언론계도

---

* 일부 경제학자의 주장에 따르면, 부를 창조하는 사람이 아니라 부를 재분배하는 사람(대표적인 예가 정부, 법조계, 주식 중개인과 펀드매니저를 포함한 금융서비스 산업)에게 과도한 보상이 돌아갈 경우, 경제가 큰 고통을 겪게 된다. 이렇게 부를 재분배하는 사람들은 건축가, 제조업자, 엔지니어 등 부를 창조하는 사람들과는 전혀 다르다. 그러나 역설적이게도, 오늘날 대학에서 가장 빠르게 성장하는 공학 부문은 항공, 전자, 기계 등 전통적인 공학이 아니라, 헤지펀드 매니저나 월스트리트의 '퀀트(정량분석가)'가 되려는 사람들이 공부하는 '금융공학'이다.

사업과 전문가적 가치 사이에 균형이 무너지면서 갈수록 사업(출판)이 편집을 지배하게 되었는데, 나는 이에 대해서도 여러 차례 서술한 바 있다. 최근에는《뉴욕타임스》,《로스앤젤레스타임스》,《워싱턴포스트》 등 가장 평판 높은 언론사들마저 추문에 휩싸이게 되었다. 법조계 역시 이런 추세에서 벗어나지 못하고 있다. 가장 유명한 검사 두 사람이 형사고발을 당해 투옥된 사실은 한때 높았던 법조계의 가치 기준이 얼마나 타락했는지 보여주는 사례이며, 돈의 유혹 앞에 명성이 맥없이 무너진 사례이다.

의료업계에서도 비슷한 변화가 진행되고 있다. 병원, 보험회사, 제약회사, 건강관리기관HMO 등으로 구성된 거대의료복합체의 금전적 이익 앞에 환자의 인간적 요구와 환자를 돌보는 인간적 배려는 무시당하고 있다.

망치와 못

결국, 전문가가 고객과 맺었던 관계는 갈수록 사업적 관계로 바뀌었다. 서비스를 받는 사람을 고객으로 본다면, 서비스를 제공하는 사람은 판매자가 된다. 다시 말해서 서비스 공급자를 망치로 본다면, 고객은 못이 된다. 내가 너무 순진하다고 생각하지는 말라. 어느 직업에나 사업 요소가 있다는 정도는 나도 충분히 알고 있다. 아무리 고상한 신념을 바탕으로 세워진 회사라고 해도, 수입보다 비용이 많으면 생존할 수가 없다. 그러나 미국에서 가장 긍지 높은 전문직들조차 고객의 이익에 봉사하는 신뢰받는 직무로부터 점차 상업적 이익을 추구하는 기업으로 바뀜에 따라, 이런 서비스에 의존하는 고객들이 손해를 입게 되었다.

몇 년 전 저자 로저 로웬스타인Roger Lowenstein도 '고객에 대한 정직, 윤리, 충성을 강조하는 칼뱅식 청렴'이 사라졌음을 애통해하면서 다음과 같이 썼다.[2]

"미국의 전문직은 지극히 상업화되어서 … 회계 법인들이 골프대회를 후원할 정도가 되었다."

그는 펀드매니저들도 똑같은 짓을 벌일 뿐 아니라, 돈을 주고 경기장 이름을 짓는 행태*에 대해서도 한 마디했을 것이다. 그는 '전문직이 독립전쟁에서 결코 승리하지 못했다.'라고 결론지었다.

자본주의의 가치가 바뀌다

미국의 영리 기업들 역시 자본주의의 전통적 가치로부터 멀리 벗어났다. 18세기 영국의 산업혁명에서 시작된 현대 자본주의는 당연히 기업가 정신, 위험 감수, 자본 조달, 치열한 경쟁, 자유시장, 수익의 자본가 귀속에 바탕을 두고 있다. 그러나 초기 자본주의가 효과적으로 기능하게 했던 핵심 요소는 신뢰하고 신뢰받는 기본 원리였다.

그렇다고 자본주의의 오랜 역사에 심각한 실패가 없었다는 뜻은 아니다. 자본주의 초기에 어린이들까지 공장에서 일을 시키는 등 수치스러운 도덕적 결함이 있었다. 과거 석유 기업연합이나 악덕 자본가의 사례와 같이 공정 경쟁의 규칙을 위반한 실패도 있었다. 20세기 후반에 들어서 또다시 일어난 실패는 자본주의 구조 자체의 침

---

* 은행과 증권사들도 시류에 편승하고 있다. 2008년 중반 사면초가에 빠진 씨티그룹은 28만 명을 해고했을 뿐 아니라 연간 170억 달러나 손실을 보았는데도, 4억 달러를 지불하고 뉴욕메츠의 새 야구장 이름을 시티필드(Citi Field)로 지을 계획이라고 단호하게 밝혔다.

식이다. 신뢰하고 신뢰받는 기본 원리가 역할을 상실했을 뿐 아니라, 자본주의 시스템에서 기업 소유주가 맡았던 역할이 뒷전으로 밀려나고 말았다.

소유주와 대리인

이렇게 역효과가 발생한 것은 두 가지 주요 요소 때문이다. 첫 번째 변화를 나는 소유주 자본주의에서 **경영자 자본주의**로의 병적인 변이라고 부른다. 기업의 주식을 거의 다 주주들이 직접 보유했던 과거의 소유주 사회는 점차 힘을 잃었다. 1950년 이후 개인투자자가 직접 보유하는 주식의 비중은 92%에서 26%로 급락했지만, 기관투자자가 간접적으로 보유하는 주식의 비중은 8%에서 74%로 급증했다. 이는 소유구조의 혁명에 해당한다. 이제 과거의 소유주 사회는 가버렸고, 다시는 돌아오지 않을 것이다. 대신 대리인 사회가 새로 등장해서, 이제는 금융 중개회사들이 미국 기업들을 사실상 지배하고 있다.

그러나 새로 등장한 대리인들은 대리인다운 모습을 보

이지 않고 있다. 금융회사, 연금기금 매니저, 펀드매니저들은 자신이 섬겨야 하는 1억 펀드 투자자 가족과 연금 수혜자보다도 자신의 금전적 이익을 앞세운다.

소유 구조의 변화 때문에 자본주의 시스템이 크게 바뀌게 되었지만, 두 번째 세력이 문제를 크게 악화시켰다. 새로 권한을 부여받은 대리인들은 신중한 관리자로서 수탁자가 지켜야 할 원칙을 망각하고, 장기투자자에서 단기투기꾼으로 변신했다. 투자자들이 기업의 본질 가치 대신 주가에만 집중하게 되면 기업의 지배구조가 가장 먼저 피해를 본다. 예를 들어, 1년 뒤에는 이 주식을 보유하지 않을 텐데 누가 대리투표에 신경이나 쓰겠는가?

이러한 이중적 타격의 최종 결과는 200여 년 전 애덤 스미스가 잘 설명한 바 있다. 그러나 오늘날 사람들은 그의 경고를 완전히 망각한 듯하다. 듯하다.

> 남의 돈을 관리하는 사람들 중에 남의 돈을 자기 돈처럼 세심한 주의를 기울여 관리하는 경우가 드물다. … 이들은 아주 손쉽게 결정을 내린다. 태만과 낭비가 항상 판치는 법이다.[3]

최근에 와서도 기업의 임원과 펀드매니저 사이에 태만과 낭비가 퍼져서, 이들이 기업 소유주에 대한 책임과 의무를 완전히 무시할 지경까지 이르렀다. 다른 사람의 돈에 대한 '세심한 주의'가 한때 전문가의 품격의 기준이었지만, 이에 대해서 제대로 인식하는 사람은 너무도 드물다. 업튼 싱클레어Upton Sinclair의 표현을 빌리자면 이런 말이다.

"어떤 일을 이해하지 말라고 거금을 주면, 그 사람은 그 일을 놀라울 정도로 이해하지 못한다."

CEO에 대한 보상은 얼마나 돼야 충분한가

기업들이 고위 임원들에게 지급하는 보상은 '거금'이라는 표현으로도 부족하다. 이렇게 보상이 커진 이유는 두 가지인데, 회사에 대한 소유권이 주주로부터 대리인으로 넘어갔고, 주주들이 주식을 단기로 보유하게 되었기 때문이다. 사업적 가치와 전문가적 가치를 구분하는 가장 중요한 요소는 돈의 역할이라 하겠다. 사업은 돈에 관한

한 '충분' 따위는 전혀 모르지만, 전문직은 이상적으로나마 돈보다 윤리 기준과 사회에 대한 봉사를 앞세운다.

오늘날 기업 리더에 대한 보상은 천정부지로 치솟았다. 그런데도 위대한 기업의 CEO들이 경제성장에 가치를 더한 흔적은 찾아보기 힘들다. 이에 대해서 내가 내린 결론은 나의 책 『만국의 주주들이여 단결하라』에도 나와 있다.

1980년에 CEO에 대한 보상은 일반 근로자의 평균 42배였다. 2004년이 되자 이 배수는 280배로 치솟았다. (절정기였던 2000년에는 531배까지도 올라갔었다) 지난 25년 동안 CEO가 받는 보상은 거의 16배 증가했지만, 일반 근로자의 보상은 2배를 간신히 넘기는 수준이었다. 그러나 1980년 불변가격 기준으로 측정하면 일반 근로자의 보상 상승률은 연 0.3%로서, 생활 수준을 근근이 유지하는 수준에 불과했다. 반면 CEO들의 보상은 상승률이 연 8.5%로서, 일반 근로자보다 7배 이상 높았다. 이런 보상의 근거는 CEO들이 주주들에게 '가치를 창출'했다는 것이다. 그러나 과연 CEO들이 이런 막대한 보상에 걸맞은 가치를 실제로 창출했는가? 전체적으로 보면 분명히 CEO들은 가치를 창출하지 못했다. GDP 기준으로 국가 경제는 연 3.1% 성장했지만, 전체 기업의 이익은 연 2.9% 상승하는 데 그쳤기 때문이다. 이렇게 실망스러운 실적을 내고도 2004년 CEO들의 평균 보상이 980만 달러로 치솟은 사실은 이 시대의 엄청난 불합리라 하겠다.[4]

주식의 수익률이 거의 상승하지 못하고 대부분 후퇴한 요즘에도 CEO들의 보상은 정말이지 엄청난 수준을 유지하고 있다.[5] 그 근거가 무엇인가? 앞에서 언급했듯이, 전체 기업의 이익은 그동안 GDP 성장을 비교적 꾸준히 따라가는 수준이었지, CEO들이 일반 근로자의 수십 배 수백 배 보상을 받을 정도로 GDP를 능가하는 수준은 아니었다. 이후 CEO의 보상은 일반 근로자의 520배까지 상승했고, 평균 보상 수준은 1,880만 달러로 상승하여 2004년에 비해 거의 2배가 되었다.

CEO들의 평균 실적이 신통치 않았는데도 이들의 보상이 치솟은 이유는 무엇인가? 한 주장에 따르면, 예컨대 영화나 TV스타, 프로야구, 프로농구, 프로축구 선수들처럼 재능이 뛰어나고 운 좋은 인물들이 받는 보상 수준이 크게 뛰었기 때문에 CEO들의 보상도 단지 이런 추세를 따라간 것이다. 물론 스타 운동선수와 연예인들은 거금을 받는다. 그러나 이들은 팬들로부터 직간접적으로 받거나, 구단과 네트워크의 소유주로부터 받는다. (소유주는 스타 덕에 거금을 번다!) 이것은 공정한 거래이다. 그러나 CEO에 대한 보상은 이사들이 자신의 돈이 아니라 다른 사람의 돈으로 지급한다. 이는 투자 시스템에서 발생하는 대리인 문제를 보여주는 분명한 사례이며, 우리가 전문가의 품격보다 사업적 행위에 집중하게 되는 이유이기도 하다.

책임감 부족

근본적인 문제는 주주들이 임원의 보상 책정에 아무런 역할도 하지 못한다는 점이다. 오래전 벤저민 그레이엄은 이 주제에 대해 정확하게 지적했다.[6] 그는 주주들의 법적 권리에 대해서 이렇게 말했다.

"주주들은 계급상으로 왕이다. 다수가 뜻을 모으면 주주들은 경영진을 고용하거나 해고할 수 있으며 완벽하게 복종시킬 수 있다. 그러나 이런 권리를 실행하는 과정에서 주주들은 완전히 밀려나고 만다. … 이들은 현명하지도 않고 기민하지도 않다. … 경영진의 실적이 아무리 부실해도 이들이 추천하는 대로 양처럼 순종한다.”

1949년 그가 책을 쓸 당시에 이 말은 사실이었다. 오늘날에도 이 말은 사실이다.

기업 이사들의 주주에 대한 책임감이 갈수록 약해짐에 따라 이런 대리인 방식은 기업 경영에 세 가지로 문제를 일으킨다. 첫째, 이제 미국 기업에 대해 막대한 의결권을 보유하고 있는 펀드매니저들의 무관심이다. 둘째, 이런 펀드매니저들에게 이해 상충이라는 문제가 발생하고 있다. 이들은 펀드 투자자와 연금 수혜자들의 이익을 대변하는 수탁자로서 책임을 지고 있지만, 펀드 자산과 연금자산을 확대하고 운영하면서 얻게 되는 금전적 이익을 앞세우느라 이런 책임을 저버리고 있다. 셋째, 대부분 기관투자가는 이제 장기투자를 하지 않는다. 이들은 대신 단기투기로 전환했으며 주식 보유 기간이 평균 1년 안팎으로 줄어들었다. (당연히 기업의 지배구조에 관심을 기울일 필요가 없다)

세 가지 문제를 모두 완화하는 한 가지 방법은 임원 보
상에 대해서 구속력 없는 주주투표를 허용하는 것이다.
이 방법을 실행하는 데 들어가는 비용은 그다지 많지 않
을 것이며, 기관투자가들이 기업의 주주로서 역할을 담
당하도록 강제하는 효과가 있고, 크게 보면 사회에도 기
여가 될 것이다.

주가 대신 내재가치를
보상의 기준으로 삼아라

주식의 수익률이 높은 회사라면 CEO가 계속해서 높은
보상을 받더라도 전혀 이상할 것이 없다. 그러나 보상으
로 제공되는 스톡옵션이 워낙 큰 영향을 미치다 보니, 그
반대의 경우가 흔히 발생한다. 나는 CEO에 대한 보상으
로 주로 스톡옵션이 사용되는 데 대해 이의를 제기한다.
우리가 알듯이, 주가는 명확하기는 하지만 그 단기 등락
은 실체가 없다. 반면 기업의 내재가치는 불명확하기는
하지만 실체가 있다. (주가와 내재가치는 묘한 대조를 이룬
다!) CEO의 성과는 내재가치의 장기적인 향상을 기준으

로 측정해야 한다.

임원들의 장기 업적에 대해 보상하는 기준으로는 변덕스러운 주가보다는 내재가치의 상승분이 훨씬 낫다. 그 예로 이익성장률, 현금흐름(조작하기가 매우 어려우므로 훨씬 좋은 지표이다) 배당성장률(마찬가지이다) 산업 및 경쟁사 대비 자기자본이익률 등이 있다. 이런 척도는 반드시 장기간에 적용해야 한다. 또한, 기업의 이익이 자본조달 비용을 초과한 경우처럼, 최소 기준을 충족한 경우에만 CEO에게 보상을 제공해야 한다. 실제로 이런 기준을 충족하는 일은 만만치 않은 과제이지만, 사업이 성공을 거두려면 반드시 극복해야 할 과제이다.

CEO 상대평가 대신
기업실적 평가를 기준으로 보상하라

CEO 보상체계가 망가진 데는 보상 컨설턴트들의 책임이 크다. CEO 컨설턴트는 보상을 낮추라고 추천하거나 엄격한 기준을 적용하라고 추천할 경우 고객을 확보하기가 힘들다. 설상가상으로, 컨설턴트들이 사용하는 잘 알려진 기법(CEO들의 보상을 측정하여 5분위로 분류하는 방법)은 필연적으로 보상에 단계적 상승효과를 일으킨다.

기업의 이사회는 (큰 문제가 발생하지 않는 한) CEO와 사랑에 빠진다고 알려졌다. (맞는 말이라고 생각한다) 어떤 회사 CEO의 보상이 4분위로 떨어지면, 그 회사 이사회는 보상을 인상하여 예컨대 2분위로 끌어올린다. 이렇게 되면 다른 CEO의 보상이 4분위로 밀려난다. 따라서 겉으로 공정한 척하는 보상 컨설턴트들은 항상 보상을 인상하라고 권유하고, 이런 인상 움직임이 순환 고리를 형성한다. (보상 컨설턴트들은 보상을 인상하라고 권유해야 생계를 유지할 수 있다)

이런 평가기법은 근본적으로 잘못되었으며, 뻔한 효과를 일으킨다. 이런 보상체계로는 보상 액수가 증가하기만 할 뿐 절대로 감소하는 법이 없다. 워런 버핏은 이런 컨설팅회사들이 보상만 계속 올려주므로 성실하지 못하다고 신랄하게 비난한다. 기업의 실적 대신 CEO 상대평가를 기준으로 보상을 지급하는 한, CEO의 보상은 계속 상승할 수밖에 없다.

끝으로, CEO 보상에는 우발 요소를 포함해야 한다. 인센티브는 장기간에 걸쳐 분산해서 지급해야 하며, 스톡옵션 역시 장기간 분할해서 행사하게 해야 한다. 예를 들어 50%는 첫 행사일에 행사할 수 있지만, 나머지는 5년에 걸쳐 매년 10%씩 행사하게 한다. 이익이 축소 수정되면 인센티브를 회사에 반납하게 하는 회수 조항도 만들어야 한다. CEO가 자신의 보상을 극대화하려고 공격적인 전략을 펴서 위험을 높였는데, 그 전략이 실패해서 주주들이 큰 손실을 보게 되면 (현재의 금융위기가 바로 그런 예이다) 임원들은 이전에 푸짐하게 받았던 보상을 물어내게 해야 한다.

대표와 원칙

전문가의 품격이 사업에서 다시 중요한 역할을 담당하기는 쉽지 않을 것이다. 이 방법을 다룬 자료가 내게 배달되었는데, 희한하게도 오타가 내 눈에 들어왔다. 우수기업센터Center for Corporate Excellence에서 발송한 자료로서, 제너럴일렉트릭GE이 장기 기업지배구조 우수상을 받는다는 내용이었는데, GE의 제프리 이멜트Jeffrey Immelt 대표가 강조한 '기업 지배구조의 건전한 원칙'을 인용했다.

분명히 인용문은 '대표principal'가 아니라 '원칙principle'으로 쓰였어야 옳았다. 그러나 그 오타에 대해서 생각해보니, 어떤 예언처럼 느껴졌다. 업계의 원칙이 아무리 윤리적이라고 해도, 그 원칙을 존중하는 윤리적인 대표가 없다면 무슨 소용이 있겠는가? 미국 기업계에는 기업문화에 윤리적 원칙을 확산시키고 뿌리내리게 할 리더들이 절실히 필요하다.

나는 업계와 리더들 모두 기본적 윤리 원칙에 동의할수 있다고 확신한다. 실제로 대형 상장회사들은 모두 윤리 규정을 갖춰 놓았고, 누구나 볼 수 있도록 책자로 만들기까지 했지만, 순전히 구호에 그치고 있다. 게다가 이런 원칙을 자랑스럽게 떠벌리는 경영진이 야심 찬 매출 및 이익 목표를 달성하기 위해서 스스로 그 원칙을 저버리는 사례를 우리는 수없이 보고 있다.

주주들을 대신해서 투표권을 행사하는 회사의 임원들역시 책임지고 주주들을 대변한다며 입에 발린 소리를한다. 이들이 달리 어떤 말을 할 수 있겠는가? 그러나 주주들의 이익을 최우선 과제로 삼아 회사의 자원을 보전하고 보호하는 회사는 오히려 예외에 해당할 정도로 드물다. 결국, CEO도 이사회를 통해서 회사에 책임을 지는 피고용인인데도, 자신을 이런 식으로 바라보는 CEO는 찾아보기 어렵다. 이런 제왕적인 CEO들은 근로자 수백만 명이 매일 헌신적으로 회사의 가치를 쌓아 올린다는 사실을 망각하고, 자신만이 주주들을 위해서 가치를 창조한다고 생각한다. 더욱 나쁜 일은 근로자들의 기여가 하찮다는 듯이, 스스로 막대한 보상을 차지한다.

기업들은 기업의 다른 이해관계자인 고객, 직원, 공급업체, 지역사회, 정부, 대중에 대해서도 이른바 균형 잡힌 태도로 공정하게 대해야 한다고 목소리를 높인다. 그러나 신문에는 기업들이 그 정반대의 모습을 보인 이야기가 매일 넘쳐난다. 기업 회계를 감시하는 감사의 진정한 독립성은 말할 것도 없고, 기업의 재무제표는 과연 얼마나 정직한가? 우리 시대에 가장 경이로운 공학이 금융공학이라는 사실도 전혀 놀랍지 않다.

내가 오늘날 기업 대표들이 전임자들보다 도덕성이 떨어진다고 주장하는 것인가? 꼭 그런 것은 아니다. 하지만 나는 우리 기업들의 윤리 원칙이 타락했다고 분명히 주장한다. 몇십 년 전만 해도 기업의 행동원칙은 절대적 기준에 가까웠다.

어떤 일은 절대로 해서는 안 된다.
그러나 오늘날에는 상대적 기준을 주로 사용한다.

다른 사람이 모두 그렇게 하면, 나도 할 수 있다.

우리 사회는 윤리적 절대주의를 윤리적 상대주의로 대
체하여 윤리 기준이 타락하도록 허용할 수도 없고, 허용
해서도 안 된다.

"자본가만이 자본주의를 무너뜨릴 수 있다"

기업 세계를 대표하는 사람들은 기업과 대표들이 전문
직으로서 따라야 하는 엄격한 원칙을 수립할 뿐 아니라,
그 원칙을 보전하고 보호하는 숭고한 책임을 져야 한다.
최근 자주 그랬던 것처럼 우리가 이런 책임을 수행하지
못하면 냉소주의가 대중 사이에 널리 퍼지고 사회악이
확대된다.
라자드 프레레 임원이었던 널리 존경받는 펠릭스 로하
튼Felix Rohatyn이 몇 년 전 《월스트리트저널》에 기고한 글

에 이런 관점이 탁월하게 드러난다.

> 나는 미국인이자 자본가로서, 시장 자본주의가 인류가
> 발명한 최상의 경제시스템이라고 믿는다. 그러나 시장
> 자본주의는 공정해야 하고, 규제를 받아야 하며, 윤리
> 적이어야만 한다. 금융 자본주의와 현대기술이 노골적
> 인 탐욕의 수단으로 전락하면 지난 몇 년과 같은 극단적
> 인 모습이 나타날 수 있다. 자본가만이 자본주의를 무
> 너뜨릴 수 있다. 그러나 우리 자본주의 시스템은 최근과
> 같은 형태의 남용을 더는 감당할 수 없으며, 오늘날과
> 같은 금융 및 사회 양극화도 더는 감당할 수 없다.[7]

우리 기업과 금융시장에서는 사업적 행위 기준이 전문
직의 품행 기준을 눌렀다. 그것도 압도적으로 눌러 이겼
다. 기업이 생존하려면 이익을 내야 한다는 점은 부인할
수 없다. 그러나 전문직답게 윤리적으로 사업을 하라고
요구할 수는 있다. 40년 전만 해도 우리나라를 지배했던
전문가적 가치로 돌아가야 우리 사회에 커다란 이득이
된다.

6장

상술만 넘칠 뿐
청지기 정신은 부족하다

나로서는 인정하기가 매우 고통스럽지만, 펀드 산업은 여러모로 사업 가치와 투자 가치가 타락한 본보기에 해당한다. 그래서 먼저 내가 1951년에 들어가 평생 몸담은 펀드 산업을 살펴보면서, 50여 년 동안 일어난 엄청난 변화에 대해 논의하고자 한다. 우선 오늘날 펀드 산업의 특징인 상술salesmanship이 과거의 특징인 청지기 정신stewardship을 누르고 대세를 장악하게 된 변화부터 알아보자.

가장 명백한 변화는 펀드 산업이 엄청난 성장을 누렸다는 점이다. 한때 난쟁이에 불과했지만, 지금은 거인이 되었다. 1951년에는 펀드 자산이 모두 20억 달러였다.[1] 오늘날에는 자산이 모두 12조 달러가 넘는데, 이는 50년 넘게 무려 연 17% 성장한 결과이다. 다른 산업에서는 이렇게 높은 성장을 기록한 적이 없다. 1951년에 주식형 펀드는 미국 주식의 약 1%를 보유하는 정도였다. 2008년이 되자 주식형 펀드는 자그마치 35%를 보유하게 되었으며, 펀드 산업은 미국을 지배하는 금융기관이 되었다.

이에 비해 그다지 드러나지 않는 사실이지만, 펀드 산업에서는 투자의 초점이 크게 바뀌었다. 과거에는 주식형 펀드의 약 80%(75개 펀드 중 60개)가 투자등급 주식에 광범위하게 분산투자하는 펀드였다. 이런 펀드들은 주식시장의 움직임을 매우 충실하게 따라갔으며, 당시 적당한 수준이었던 운용비용만큼만 시장보다 수익률이 떨어졌다. 오늘날 대형혼합펀드는 약 500개에 불과하지만, 이보다 훨씬 많은 3,100개 펀드가 다른 스타일로 투자하고 있으며, 이 밖에 400개 펀드는 다양한 시장 부문에 집중해서 투자하고, 800개 펀드는 해외 주식에 투자한다. 이렇게 새로운 펀드 종류(예컨대 세계 주식시장 펀드) 중에는 투자자에게 이득을 준 것도 있고, 끔찍한 재난을 안겨준 것도 있다. 아무튼, 투자자들에게 펀드를 선택하는 일은 개별 종목을 선택하는 일만큼이나 어려운 과제가 되었다.

투자자가 투자방식을 바꾸니
펀드매니저도 투자방식을 바꾼다

이런 변화에 발맞춰서 펀드 투자자들의 투자행태도 바뀌었다. 이제 펀드 투자자들은 펀드를 장기보유하지 않는다. 펀드를 자주 사고판다. 1951년에는 펀드 투자자들의 평균 보유 기간이 약 16년이었다.[2] 오늘날에는 평균 보유 기간이 약 4년이다. 더 안타까운 일은 이렇게 자주 거래하지만 그다지 성공을 거두지 못한다는 것이다. 이들은 실적이 좋은 펀드를 쫓아가 사고, 실적이 나쁘면 팔아버리기 때문에, (투자자들이 실제로 버는) 자산 가중 수익률은 펀드 회사에서 발표하는 기간 가중 수익률보다 크게 뒤떨어진다. 그래서 지난 25년 동안 펀드의 평균 수익률은 연 10%였지만, 투자자들이 실제로 거둔 수익률은 이보다 37%나 낮은 연 7.3%에 불과했다.

펀드매니저들이 사용하는 투자 프로세스도 내가 업계

에 입문하던 시절과는 근본적으로 달라졌다. 1951년에는 투자위원회에 의한 투자관리가 일반적이었지만, 오늘날에는 예외에 속한다. 지금은 펀드매니저의 시대라서 펀드 대부분(약 60%)을 펀드매니저 혼자나 세 사람으로 구성된 팀이 운용한다.* 투자위원회가 있다고 우수한 실적이 나온다는 보장은 없지만, 대부분 펀드가 시장과 비슷한 수익을 냈으므로 투자자들에게는 도움이 되었다. 펀드매니저 한 사람이 운용하는 시스템은 그 자체가 나쁜 것은 아니지만 이런 발전(사실은 혁명이다)은 값비싼 단절을 불러왔다. 펀드매니저들은 스타 시스템을 만들어 요란하게 선전하면서 투자자들이 분주하게 옮겨 다니도록 부추겼다. 펀드매니저들이 펀드를 운용하는 기간은 평균 5년인데, 적극적으로 운용하는 펀드의 수익률은 때로는 시장보다 높아지기도 하지만, 때로는 시장보다 크게 떨어지기도 한다. 그러나 스타들은 대부분 별똥별 신세로

---

* 이런 시스템을 개선하기 위해서 일부 대형 펀드에서는 펀드 자산의 일부를 관리하는 '포트폴리오 카운슬러'팀을 여러 개 두고 있다. 이런 팀들이 펀드 수익률을 높일 수 있을지는 두고 볼 일이다.

전락했다.

집단으로부터 개인에 이르기까지 이렇게 변한 사실을 고려하면, 펀드 투자전략이 근본적으로 바뀐 것도 전혀 놀랄 일이 아니다. 1951년에는 대부분 펀드가 지혜로운 장기투자에 초점을 맞췄으므로 포트폴리오의 주식 보유 기간이 평균 약 6년이었다. 오늘날 적극적 운용 펀드의 주식 보유 기간은 1년에 불과하다. (더 인심 좋게 말해서, 가치 가중 기준으로 평균 보유 기간이 1.5년을 조금 넘는다) 어쨌든 오늘날 대부분 펀드는 어리석은 단기투기에 집중하고 있다.

이런 변화 때문에 펀드 비용이 치솟았다. 가중치를 적용하지 않을 경우, 적극적 운용 펀드의 평균 비용률은 1951년 0.77%에서 2007년 1.50%로 거의 2배가 되었다. 더 공정하게 펀드 자산에 따라 가중치를 둘 경우, 비용률은 0.60%에서 0.93%로 증가했다. 2배까지는 안 되지만, 그래도 50%가 넘는 엄청난 상승률이다. 다시 말해서, 이런 비용률을 1951년 펀드 자산 20억 달러와 2007년 펀드 자산 7조 달러에 각각 적용하면, 펀드 산업은 한때 연 1,200만 달러를 받고 더 효과적으로 서비스를 제공했지만, 지금은 연 650억 달러를 받으면서도 효과가 떨어지는 서비스를 제공하고 있다.

펀드매니저에게 이득이면
투자자에게 손해

어떤 방식으로 계산하든, 비용이 이토록 엄청나게 상
승한 탓에 투자자에게 돌아가는 수익은 줄어들었다는 사
실은 분명하다. 1951년 이후 펀드 자산이 획기적으로 증
가했지만, 자산운용사들은 자산운용 분야 규모의 경제에
서 발생한 막대한 이익을 펀드 투자자들에게 돌리는 대
신, 가장 큰 몫을 스스로 차지했다. 자산운용사들은 투자
자들의 자본수익률보다 자기 회사의 자본수익률을 높이
는 일을 최우선 과제로 삼는다. (세계금융재벌들이 펀드 산
업을 지배하고 있다. 이런 재벌들이 50대 펀드 회사 가운데 32
개를 소유하고 있으며, 나머지 9개 펀드 회사는 상장되어 있
다.) 펀드 운용사가 개인소유에서 재벌소유로 바뀜에 따
라, 펀드 산업에 좋은 일이 펀드 투자자들에게는 나쁜 일
이 되어버렸다.
　이런 변화에 따라 펀드 산업은 이제 훨씬 세속적인 모

습을 띠게 되었다. 지난 50여 년 동안 펀드 산업은 자산 운용에서 자산수집으로 방향을 바꾸면서, 청지기 정신 대신 상술을 앞세우게 되었다. 펀드 산업은 마케팅 산업 으로 변질했고, 온갖 상품이 넘쳐나는 난장판이 되었다. 펀드 산업의 명백한 좌우명은 이렇다.

"살 사람만 있으면 만들어드립니다."

1950년대와 1960년대에는 새 주식형 펀드가 240개 설 정되었고, 1970년대와 1980년대에는 650개가 새로 설정 되었다.[3] 그러나 1990년대에는 주식형 펀드가 1,600개나 만들어졌다. 대부분이 기술주 펀드, 인터넷 펀드, 통신주 펀드였고, 이런 분야에 집중투자하는 공격 성장형 펀드 였다. 2000~2002년 사이 약세장에서 정통으로 타격을 입 은 것도 물론 이런 펀드였다. 이런 상품이 난무하자, 사 람들은 '펀드는 나오면 곧바로 사망한다'고 기대하게 되 었다. 1950년대에는 펀드의 13%가 청산되었지만, 2000 년대에는 청산율이 60%에 육박하고 있다.

더 나은 세상을 향해서

자산 증가, 투자 기간의 단기화, 투자자들의 비생산적인 행태, 실시간 펀드 운용 프로세스, 과민한 투자전략, 치솟는 비용, 재벌의 펀드 소유, 금융상품의 홍수 등이 결합하여 투자자들에게 심각한 피해를 주고 있다.

간단히 말해서, 연금기금, 펀드, 다른 금융기관 등 미국 가정의 투자자금을 위탁받은 우리는 투자자들의 신뢰를 저버리고 말았다. 우리는 스스로 시각장애인이 되어 과도한 중개비용을 보지 못했고, 스스로 청각장애인이 되어 (현재의 비용 수준이면) 펀드매니저들이 전체적으로 적정 수익을 제공할 수 없다는 사실에 귀를 막았다. 펀드 산업이 수많은 방식으로 고객들을 실망하게 한다는 사실에 무감각하고 무뚝뚝한 태도를 보일 뿐이다.

우리는 대중의 취향을 교묘하게 이용해서 시장에 새로운 유행이 일어날 때마다 새로운 펀드를 만들어내며, 인기 펀드의 실적을 과대 선전하여 문제를 확대한다. 한마디로 상술이 청지기 정신을 눌렀으며, 투자자들이 손실을 뒤집어썼다. 미국자산운용협회ICI, Investment Company Institute는 스스로 투자자를 보호한다고 주장하면서도 펀드가 발표하는 수익률과 투자자들이 실제로 얻는 수익률이 다르다는 사실을 한 번도 지적한 적이 없다. 또한, 투자자들이 돈을 벌든 못 벌든 관계없이 자산운용사들이 막대한 수익을 거두는 사실에 대해서도 언급한 적이 없다.

ICI는 연차총회마다 '자산운용사의 이익이 투자자들의 이익과 직결되어 있다'고 주장하지만, 위 두 사례는 펀드 산업의 일관된 주장이 거짓임을 보여주는 증거이다. 이들의 주장은 분명 사실이 아니다.

급변하는 자본주의 세계와 특히 급변하는 펀드 산업에서 이제는 이런 잘못들을 인정하고 정면으로 대처할 필요가 절실해졌다. 상황은 이렇게 긴박한데도 이런 문제에 대한 공개토론은 너무도 부족하다. 우리는 혁신의 홍수에 빠져 허우적거리면서도 자기성찰에 대해서는 굶주리고 있다. 우리의 과거 모습을 돌아보고, 우리의 진행 방향을 살펴보며, 투자자들의 신뢰를 얻기 위해서 우리가 무엇을 해야 하는지 알려주는 자기성찰에 굶주려 있다.

투자 업계에 종사하면서 나는 펀드의 부실한 수익률에 대해서도, 펀드 산업의 이상야릇하고도 비생산적인 소유구조에 대해서도, 변명을 들어보지 못했다. 자산운용사들은 포트폴리오에 보유하는 주식에 대해 왜 주주권을 제대로 행사하지 않는지 설명하지 않는다. 한때 지혜로운 장기투자 중심으로 투자전략을 구사하다가 은근슬쩍

어리석은 단기투기로 투자전략을 전환한 데 대해서도 진지하게 비판하지 않는다. 그리고 2007년까지 공공 및 민간 퇴직기금이 입은 막대한 손실에 대해서도 (펀드 산업의 역할이 중요한데도) 논의가 거의 없다.

이런 문제에 해결책이 없는 것은 아니지만, 그런 해결책이 결코 쉬운 것은 아니다. 그러나 나는 이제 펀드 산업이 개혁을 위해 (실제로 자신의 이익을 위해서라도 궁극적으로) 나아가야 할 새로운 방향을 제시하고자 한다.

함께 꿈을 꾸자

"나에게는 꿈이 있다."

다섯 가지 꿈이다. 장차 펀드 산업을 재설계해서 오늘날처럼 영업에 집중하지 않고 과거처럼 펀드 운용에 집중하도록 만드는 꿈이다. 펀드 산업이 다시 상술보다 청지기 정신을 더 높이 평가하도록 만드는 꿈이다.

Dream 1

투자자를 공정하게 대우한다

첫 번째 꿈은 펀드 산업을 재설계해서 투자자들에게 비용 면에서 공정하게 대우하는 것이다. 주식형 펀드의 비용률이 최근 안정되기는 했지만, 운용자산 규모가 엄청나게 증가했는데도 50년 전에 비해 적어도 50%나 높은 수준을 유지하고 있다. 자산운용업계는 엄청난 규모의 경제를 누리게 되었지만, 그 혜택은 투자자보다 자산운용사에 훨씬 많이 돌아갔음이 분명하다. 나는 이런 추세가 역전되기를 꿈꾼다.

Dream 2
투자자를 평생 섬긴다

나의 두 번째 꿈은 펀드 산업을 재설계해서 투자자를 한철이 아니라 평생 섬기게 하는 것이다. 기술 면에서는 얼마든지 가능한 일이다. 예를 들어 펀드 산업은 다양하게 정의된 복잡한 상품의 5,000만 명분 기록을 관리할 수 있는데, 이는 대단한 업적이라 하겠다. 또한, 펀드 산업이 인터넷을 통해서 고객에게 제공하는 커뮤니케이션과 거래는 정말이지 놀라울 정도이다. 그러나 우리가 제공하는 수많은 펀드와 다양한 투자전략은 필연적으로 투자자들이 끊임없이 자금을 옮겨 다니도록 조장하는데, 이는 투자자보다 펀드 회사를 이롭게 하는 방식이다.

투자자들 가운데는 지나치게 공격적인 사람들이 너무 많다. 포천 100대 기업에 근무하는 퇴직연금 가입자들이 평균적으로 자산의 36%를 자사주로 보유하는데, 이 경우에는 투자위험이 집중될 뿐 아니라 실직위험과도 겹치게 된다. 지나치게 보수적인 투자자 역시 너무도 많다. 이른바 안정형 가치 펀드와 MMF에 투자하는 사람들은 자산의 24%를 이런 펀드에 배분한다. 게다가 퇴직연금 투자자들은 실적을 쫓아다니는 것으로 악명 높은데도, 우리는 개의치 않는 듯하다. 전통적으로 퇴직연금에서 가장 인기 높은 펀드는 과거 실적이 유난히 높은 펀드였다. 그러나 이런 펀드의 수익률은 기껏해야 시장 평균 수준으로 회귀하게 되어 있고, 대개는 그 훨씬 밑으로 떨어진다. 또한, 너무 많은 선택 대안을 제공하여 투자자들이 혼선을 일으키게 한다. 또한, 차입을 너무 많이 허용한다. 요즘처럼 이직률이 높은 시대에 직장을 떠나는 사람의 무려 45%가 이를 고맙게 받아들인다. 그리고 지금에 와서야 우리는 연금과 연계된 상품을 개발하고 있다. 이 상품을 이용하면 고객은 자산 축적 기간과 자산 인출

기간을 조절할 수 있으므로 연금이 바닥나는 위험을 피할 수 있다.

가장 중요한 점은 뮤추얼펀드와 같은 집합투자 펀드가 이제 (개인, 기업, 연방, 주, 지방정부 등) 나라의 전체 퇴직 제도에서 절대적인 비중을 차지한다는 사실이다. 해가 감에 따라 이들의 비중은 더욱 커질 것이다. 우리는 단지 편협한 자신의 이익만을 돌볼 것이 아니라, 멀리 내다보는 업계의 리더들이 나서서 전체 퇴직서비스 시스템을 합리화하는 작업에 앞장서야 한다. 따라서 나의 꿈은 투자자들에게 평생 서비스를 제공하는 것이며, 여기에 더해서 펀드 산업의 리더들이 시민들에게 건전하고 통합적이며 절제되고 안전한 퇴직 시스템을 제공할 수 있도록 적절한 제안과 설계를 제시하는 정치가의 역할도 맡아주기를 기대한다. 우리는 투자자들과 나라에 큰 은혜를 입었기 때문이다.

Dream 3
장기투자

나의 세 번째 꿈은 펀드매니저들이 과거로 돌아가서 전

통적인 장기 투자전략에 다시 집중하게 만드는 것이다. 앞에서도 말했지만, 요즘 포트폴리오 회전율은 평균 연 100%에 육박한다. 이는 주식의 평균 보유 기간이 겨우 1년이라는 뜻이다! 이런 미친 회전율로 득 보는 사람은 누구인가? 투자자들은 분명 아니다. 분명히 말하지만, 이런 미친 거래는 전체적으로 투자자들의 수익을 갉아먹을 뿐이다. 따라서 과거에 장기투자에 집중하던 투자 산업이 현재 단기투자에 집중하게 되면서 투자자들은 손해를 보고 있다.

펀드 산업이 다시 장기투자자로 돌아가면 커다란 혜택이 또 생긴다. 우리는 투자자들의 이익을 대변하기 위해서 기업에 대해 책임감 있는 시민의 역할을 하게 되므로, 기업의 재무제표를 자세히 조사하게 된다. 스톡옵션, 임원에 대한 보상, 기업의 지배구조 등에 대해 우리의 견해를 밝히게 된다. 우리가 주식을 보유한 기업들이 경영자의 이익이 아니라 주주의 이익을 위해서 운영되는지 확인하게 된다. 오늘날처럼 투기에 초점을 두고 주식을 빌려서 거래하는 산업에서 주식은 소유권을 나타내는 증서가 아니라 이리저리 사고파는 종잇조각으로 취급당한다. 그 결과 지배구조라는 주제는 무시되기에 십상이다. 따라서 나의 꿈은 우리가 투자자로서 우리의 뿌리로 돌아가는 것이다. 이는 고객에게 경제적으로 이익이 될 뿐만 아니라 미국 기업들이 민주 자본주의로 돌아가도록 우리가 결정적인 역할을 할 수 있기 때문이다.

Dream 4
장기투자자에게 봉사한다

나의 네 번째 꿈은 우리가 다시 장기투자자에게 집중하는 것이다. 오늘날에는 이런 방식이 통하지 않는다. 펀드매니저들의 투자 기간이 줄어든 것과 마찬가지로 펀드 투자자들의 보유 기간도 짧아졌기 때문이다. 우리가 단기투자자들의 요구에 부응해서 사업을 펼쳐왔으므로 이는 당연한 결과이다. 우리가 미친 듯이 고객에게 달려들어 장기 보유보다는 단기 거래에 적합하게 설계된 펀드를 제안했던 사실을 돌아보라. 주로 시장과 비슷하게 우량주로 포트폴리오를 구성했던 과거의 펀드와 현재의 펀드를 비교해보면 그 차이가 적나라하게 드러날 것이다. 규모와 스타일이라는 용어를 생각해보면 투자 분야보다도 하이패션 분야가 더 연상될 정도이다.

따라서 나는 네 번째 꿈에서 패션모델 같은 투자방식을 포기한다. 불과 7년 전인 2001년에 존재했던 6,126개 펀드 가운데 거의 2,800개나 이미 사라져버렸는데, 우리가 어떻게 고객의 장기 복지를 책임지는 행세라도 할 수 있겠는가? 우리는 제한된 분야에 집중투자하는 상품 대신 더 폭넓게 분산투자하는 펀드를 제공해야 한다. 영원히 보유할 수 있는 신탁계정을 제공해야 한다. 여기에 바로 우리의 뿌리가 심겨 있다. 이런 변화로 광범위-시장 인덱스펀드를 더 강조하게 된다면 이를 마다할 이유가 없다. 그러나 이와 비슷한 다른 투자전략을 채택하게 되더라도 인덱스펀드는 여전히 우리가 돌아가야 할 가장 순수한 모범이다.

Dream 5
투자자에게 펀드에 대한 지배권을 부여한다

나의 다섯 번째 꿈은 투자자들에게 펀드에 대한 지배권을 부여하는 것이다. 이 방법을 통해서만 우리는 펀드 산업을 규제하는 연방법인 1940년 투자회사법의 명시적 요구를 이행할 수 있다. 이 법에 따르면, 뮤추얼펀드는 자문사나 인수자의 이익이 아니라 투자자의 이익을 위해서 설정되고, 운영되며, 관리되어야 한다. 하지만 법의 고귀한 의도에도 불구하고 오늘날 펀드 산업은 전혀 이런 원칙에 따라 운영되지 않는다. 솔직하게 사실을 말하면, 펀드는 자문사들의 이익을 위해서 설정되고, 운영되며, 관리된다.

그러면 어떻게 해야 하는가? 투자자에 대한 교육은 고통스러울 정도로 시간이 걸리며, 시간은 돈이다. 현재 시장을 지배하는 재벌기업들은 자기자본이익률이 하락하는 것을 쉽게 수용하지 않을 것이며, 자신의 이익을 고객에게 돌려주려 하지도 않을 것이다. 따라서 정확하게 1940년 법에 따라 뮤추얼펀드에 대한 지배권을 요구하는 방법밖에 없다. 즉, 선출해준 주주들에게 최우선으로 책임을 지는 독립된 이사회를 구성하는 것이다.

이런 구조가 이미 존재하기는 하지만, 이런 방식으로 운영되지는 않는다. 법조문과는 상반되게, 자문사가 펀드를 통제한다. 따라서 우리는 펀드 이사회 의장이 운용사 이사회 의장을 겸임하면서 발생하는 노골적인 이해상충을 없애야만 한다. (워런 버핏은 "자기 자신과 협상을 벌이면 싸울 일도 없다."라고 말한다.) 똑같은 이유로 우리는 관리자로부터 완전히 독립된 이사회를 만들어야 한다.
(처음에는 이사의 75%를 독립적인 인물로 뽑도록 하면 좋다.
그러나 뱅가드에는 외부 자문사를 대변하는 이사가 한 사람도
없으므로 주주들에게 불리한 일도 전혀 발생하지 않는다.) 증
권거래위원회 규정에서는 이미 펀드에 대해 독립된 법률
고문과 준법감시인을 두도록 요구하고 있다. 나는 대형
펀드의 경우에는 이사회 소속으로 펀드 담당 직원을 두
어서 펀드 비용, 실적, 마케팅 등에 관한 객관적이고 공
정한 정보를 이사회에 제공해야 한다고 굳게 믿는다. 객
관적이고 공정한 정보가 핵심이다. 이사회에 얼마나 신
선한 바람이 불겠는가?

투자자에 의한,
투자자를 위한,
투자자의 펀드 산업

내가 궁극적으로 추구하는 것은 청지기 정신에 초점을
둔, 즉 오로지 투자자의 이익만을 위해서 투자자의 돈을
신중하게 다루는 펀드 산업이다. 이는 투자자에 의한, 투

자자를 위한, 투자자의 펀드 산업을 말한다. 펀드 산업에는 비전과 가치가 모두 있어야 한다. 수탁자로서 의무를 지며 투자자에게 서비스를 제공한다는 비전이 있어야 한다. 장기투자라는 입증된 원칙에 바탕을 두고 고객에게 정직하게 서비스를 제공한다는 가치가 있어야 한다.

방금 설명한 다섯 가지 꿈에 더해서 어떻게 하면 이런 비전과 가치를 달성할 수 있는가? 첫째, 단순성의 위력을 믿으면 된다. 투자자들이 성장 기회는 있지만 위험이 수반되는 주식과, 비교적 안정적으로 수익이 발생하는 채권 사이에서 자산 배분을 결정하도록 도운 뒤, 우리의 능력을 다해 분산투자하고 비용을 최소화하여 금융시장 수익의 공정한 몫을 투자자에게 제공하겠다고 약속하는 것이다. 그 이상도 그 이하도 아니다. 만일 이번에도 인덱스펀드가 이런 목표를 달성하는 최고의 방법이라면 마다할 이유가 없다.

또한, 우리는 금융상품을 범벅으로 만들어내는 펀드 회사가 아니라 **어떤 가치를 표방하는 회사**를 세워야 한다. 50년 넘게 이 산업에 종사한 사람으로서 나는 이것이 힘들고 까다로우며 끝없는 과업이라는 사실을 밝혀둔다. 내가 세운 목표는 청지기 정신을 표방하는 회사를 만드는 일이었다. 그러나 이 목표에는 서비스 요소도 포함된다는 점을 분명히 말해둔다. 뱅가드를 믿고 재산을 맡겨준 사람들에게 적절한 서비스를 제공해야만 뱅가드도 생존하고 번영할 수 있기 때문이다.

다른 사람들도 나름대로 회사의 가치를 정하겠지만, 청지기 정신이 일부라도 포함되기를 희망한다. 청지기 정신은 보답받기 때문이다. 펀드 산업에서는 운용자산 규모, 현금흐름, 시장점유율, 신규계좌 수로 성공 여부를 평가하는 경향이 있다. 그러나 진정한 성공은 그런 숫자로 측정할 수가 없다. 성공은 서비스의 품질과 더불어 금융시장에서 풍족하게 제공하는 수익 가운데 공정한 몫을 투자자들에게 제공하느냐 여부로 평가해야 한다. 또한, 성공은 회사의 평판과 가치로 측정해야 하며 말이 아니라 행위로 측정해야 한다.

무엇보다도 성공은 어렵게 모은 소중한 재산을 맡겨준 사람들로부터 신뢰를 유지하고, 하루도 빠짐없이 외부로부터 이런 신뢰를 획득하는 데 달려 있다. 금융 분야 전반은 말할 필요도 없고, 펀드 분야에는 정말이지 상술이 차고 넘친다. 미래의 문을 여는 열쇠는 아직 우리에게 충분치 않은 청지기 정신 속에 있다.

True Measures of Money, Business, and Life

7장

경영은 넘치지만
리더십은 부족하다

대부분 대기업에 경영management은 넘치지만 리더십 leadership은 부족하다는 분석이 있다. 나는 이 분석이 우리 나라 기업뿐만 아니라 금융기관에 대해서도 맞는다고 생 각한다. 물론 모든 집단, 조직, 국가에는 건전한 경영자 그룹과 리더 그룹이 둘 다 필요하다. 각자의 역할이 필수 적이기 때문이다. 그러나 각자의 역할은 분명히 다르며, 그 차이를 인식하는 것도 마찬가지로 중요하다. 이에 대 해서 경영 분야의 권위자 워런 베니스Warren Bennis의 말을 들어보자.

경영과 리더십 사이에는 커다란 차이가 있으며, 둘 다 중요하다. 경영은 행위를 일으키고, 일을 성취하며, 행위에 대해서 책임을 진다. 리더십은 방향, 경로, 행동, 의견에 영향을 미치고 조언을 제공한다. 이 차이는 중요하다.[1]

베니스는 둘 사이의 중요한 차이점을 다음과 같이 열거했다.

- 경영자는 관리하고, 리더는 혁신한다.
- 경영자는 복제하고, 리더는 창안한다.
- 경영자는 시스템과 구조에 집중하고,
  리더는 사람에 집중한다.
- 경영자는 통제에 의존하고,
  리더는 신뢰감을 불러일으킨다.
- 경영자는 시야가 좁고, 리더는 시야가 넓다.
- 경영자는 항상 아래를 내려보고,
  리더는 항상 지평을 바라본다.
- 경영자는 모방하고, 리더는 창조한다.
- 경영자는 현상 유지를 수용하고,

리더는 현상 유지에 도전한다.

베니스 교수는 다음과 같이 명확하게 요약하면서 설명을 마무리한다.

"경영자는 일을 바르게 하고, 리더는 바른 일을 한다."

베니스 교수의 논조가 대체로 타당하다고는 하지만, 나는 이분법적으로 지나치게 단순화되었다고 생각한다. 예를 들어, 수익성을 무시하는 리더는 큰 화를 면치 못할 것이다. 경영자도 신뢰감을 주지 못하거나 단기적인 목표에만 집중하면 역시나 화를 자초하게 된다. 그래서 나는 두 가지 역량을 포괄하는 더 정교하고 균형 잡힌 논점을 제시하고자 한다.

기업이 제대로 성공을 거두려면 청지기 정신, 전문가의 품격 기준, 신뢰가 우편물실에서 중역 회의실에 이르기까지 조직 전체에 퍼져야만 한다. 이런 특성들이 회사의 외관이 아니라 회사 내면에 깊숙이 심어져야 한다. 그리고 반드시 리더가 이런 특성을 주도해야 한다. 리더는 계산만 앞세우지 않고, 조직의 심층적 가치에 최우선 순위를 두는 사람이어야 한다.

물론 조직이 효율적으로 원활하게 기능하기 위해서는 조직의 모든 계층에 걸쳐 숙련되고 헌신적인 경영자들이 있어야 한다. 그리고 이들 역시 이러한 가치에 몰입해야 한다. 경영자와 리더 모두 최고층에서 말단에 이르는 직원들을 장기판의 졸이 아니라 동일한 필요와 관심을 지닌 인간으로 바라보게 되어야 한다. 강력하고 결단력 있는 리더가 회사의 특성과 방향과 전략을 세우지 않으면 아무리 유능한 경영자가 노력을 기울이더라도 헛수고에 그칠 것이다.

그러면 훌륭한 리더십과 훌륭한 경영의 특징은 무엇인가? 이 주제에 대해서 나는 나름대로 확고한 의견을 갖고 있는데, 대부분 60년에 걸쳐 사업을 경험하면서 혹독한 시련을 통해 형성된 의견이다. 나는 리더로서 40년을 보냈는데 웰링턴 자산운용의 CEO로 9년 일했고, 뱅가드의 CEO로 22년 일했으며, 지금은 직원 세 명을 둔 자그마한 보글금융시장연구센터를 9년째 운영하고 있다. 그래서 나는 스스로 직접, 폭넓게, 그리고 힘들여 얻은 경험을 통해서 말하고자 한다.

물론 나는 뱅가드 직원들이 (내가 지휘하던 기간뿐만 아니라 바로 이 순간까지) 이룬 이례적인 업적에 대해서 각별히 자부심을 느낀다. 지금 이 순간까지도 계속되고 있다. 그들이 이러한 성과에 깊이 관여하고 기여한 모습은 1972년 당시 MIT 이사장이었던 하워드 존슨Howard W. Johnson의 연설에서 얻은 훌륭한 지혜의 가치를 증명하고 있다. 그 연설은 내가 그것을 읽기 훨씬 이전부터 믿어왔던 생각들을 정확히 표현해주었다.

> 조직은 인간적인 배려를 기울이고 육성해야 하는 대상이다. 비록 그 조직이 실수를 저지르고 비틀거리더라도이를 돌보는 책임은 그곳에서 일하는 모든 사람, 그것을 소유한 모든 사람, 그로부터 서비스를 받는 모든 사람, 그리고 그것을 관리하는 모든 사람에게 있다. 책임감 있는 사람은 누구나 자신의 삶에 영향을 미치는 조직에 대해 깊은 관심을 가지고 진심으로 보살펴야 한다.

위대한 조직을 건설하라

그래서 나의 핵심 메시지는 배려의식에서 시작된다. 이 메시지는 위대한 조직을 건설하는 10개 규칙에 반영되어 있으며 대부분 리더와 경영자에게 모두 적용된다.

규칙 1
배려를 조직의 핵심정신으로 삼아라

1989년 내가 뱅가드 직원들에게 배려에 대해서 첫 연설을 할 때 다음과 같이 말했다.

배려는 서로 주고받는 것입니다.

(1) 최고위직에서 최하위직에 이르기까지 서로 존중해야 합니다. 여러분은 모두 정중하고 솔직하며 친근하게 대접받을 자격이 있으며, 여러분이 수행하는 명예로운 업무에 대해 존중받아야 마땅합니다.

(2) 경력발전과 참여와 혁신의 기회가 있어야 합니다. 뱅가드에서는 수많은 사람에게 틀에 박힌 평범한 일을 주지만, 분명한 사실은 뱅가드의 업무가 효과적으로 돌아가려면 여러분이 업무에 열성적으로 참여해야 한다는 점입니다. 결국, 일선에 서 있는 여러분이 나

머지 사람들보다 문제와 해결책을 훨씬 많이 알고 있습니다.

연설은 계속 이어졌다. 매력적이고 효율적인 근무환경을 유지해야 한다고 말했다. 의미 있는 의사소통 프로그램을 제공하겠다고 말했다. 공정한 보상을 지급한다고 말했다. 당시 나는 이렇게 상식적인 원칙을 말했을 뿐이다. 20년이 지난 오늘날, 나는 이 가운데 단 하나도 바꿀 생각이 없다. 갈수록 비인간적으로 바뀌는 세상에서 나는 하워드 존슨과 마찬가지로 성공이 모든 사람의 조직에 대한 깊은 배려 의식에 좌우된다고 믿게 되었다.

규칙 2
직원이라는 생각을 버려라

1974년 회사를 출범할 때, 나는 새로운 조직의 정신을 담아내기 위해 '직원employee'이라는 표현을 없애고 대신 '크루 멤버crew member'를 사용하기로 했다. 직원이라는 용어에서는 팀워크나 협력이라는 어감을 느낄 수 없었으므로 대신 우리의 수호성인 호레이쇼 넬슨이 사용하던 크루라는 용어를 채택한 것이다. 나에게 직원이라는 말은 매일 아홉 시에 출근해서 다섯 시에 어김없이 퇴근하고, 입을 다문 채 지시받은 일을 하며, 주말이 되면 규칙적으로 주급을 받는 사람처럼 들렸다. 반면 크루 멤버는 활발하고 의욕적이며 헌신적인 데다가, 보람찬 항해에서 모두 협력하며, 가장 약한 고리만큼만 힘을 발휘하는 쇠사슬 같은 사람들처럼 생각되었다. 서로 연계되고 서로 의지하는 크루 멤버 같은 사람들이 바로 내가 이끌고 싶은 사람들이었다.

규칙 3
기준과 가치를 높게 세우고, 끝까지 지켜라

1980년 뱅가드의 30억 달러 목표달성을 축하하는 자리에서 나는 크루 멤버들에게 다음과 같이 당부했다.

우리의 업무에 숙달하십시오. 우리가 창출하는 것에 상상력을 동원하십시오. 우리가 만드는 상품에 정직하십시오. 우리 스스로 세운 목표를 평가하십시오. 위기가 닥치면 용기를 발휘하고, 역경을 만나면 유머를 보이십시오. 우리의 업적에 대해 겸손하십시오.

　오늘 다시 사업을 시작한다고 해도 나는 서슴없이 같은 기준을 세울 것이다.

　가치에 대해서 말하자면, 나는 처음부터 우리 회사가 사람에 초점을 둬야 한다고 마음먹었다. 나는 우리가 섬기는 고객들을 '나름의 희망과 공포와 재무 목표를 안고 살아가는 순수한 인간'으로 대접해야만 한다고 오랜 세월에 걸쳐 누누이 강조했다. (또한 우리 동료들도 그렇다는 사실을 절대 잊지 말자) 실제로 이는 우리의 고객인 인간들을 우리의 능력을 다해 섬겨야 한다는 뜻이다. 고객이 우리에게 맡겨준 재산에 대해 신중한 청지기가 되어야 한다는 뜻이다. 우리가 자신의 재산을 맡길 때 대접받고 싶은 대로 우리도 그들을 대접해야 한다는 뜻이다. 공정하고, 공감하며, 정직하게 고객을 섬겨야 한다는 뜻이다.*

　내가 뱅가드의 대표 재직하는 동안에는, 이러한 기준

---

* 업계의 리더 100%가 정직이 리더의 필수 자질이라고 말하지만, 실제로 이런 주장을 실천하는 사람은 100%가 안 된다.

과 가치를 매뉴얼로 작성한 적이 한 번도 없었다. 대신 중요하지만 단순한 규칙 하나를 제안했다.

"옳은 일을 하십시오. 확신이 서지 않을 때는 상사에게 물어보십시오."

이유가 무엇인가? 나는 '윤리가 바로 서야 사업이 바로 선다.'라고 수천 번 말했기 때문이다. 새로운 사고방식인가? 전혀 그렇지 않다. 오디세이에서 호머는 다음과 같이 우리를 일깨운다.

가슴 깊이 새기면서 이 말을 전하라.
공정한 거래가 결국 더 큰 이익을 가져다준다.

나는 기업 경영과 전략에 관한 책과 논문을 수없이 읽었지만, 인간이 기업 리더십의 핵심이라는 문구는 한 번도 본 적이 없다. 그러나 우리의 고객과 크루 멤버를 둘 다 생각해보면 이 문구가 우리가 이룬 모든 업적의 핵심이었다.

규칙 4

가치를 끝없이 거듭 말하라

훌륭한 직원들을 양성하려면 리더십이 필요하고 리더십에는 덕이 필요하다면, **리더란 사람들의 힘을 모아 중요한 프로젝트를 절도 있게 추구하는 인물이라고 정의할 수 있다.** 고위 임원에서부터 선임 관리자와 프로젝트팀장, 심지어 틀에 박힌 직무 담당자에 이르기까지 모든 계층에서 사람들을 이끌려면 다른 사람들을 격려하고 설득해서 보람찬 목표를 향한 여정에 동참시켜야 한다.

위대한 조직을 구축하려면 최고의 아이디어와 이상을 전달하는 적절한 말, 목적과 열정과 비전을 전달하는 말을 찾아내야 한다. 이 과정에서 우리는 모두 무한히 값진 선물을 받았다. 바로 영어라는 언어이다. 이 언어가 우리에게 준 영감 넘치는 단어와 리듬을 활용하여 지속하는 조직을, 리더와 경영자와 단순 근로자 모두 긍지를 느끼는 조직을 구축하자.

규칙 5

말보다 행동이다

경영자든 리더든, '행동' 없이 '말'만 앞세우는 것처럼 자멸로 이끄는 길은 없다. 따라서 우리가 무슨 말을 하든 실천에 옮기는 편이 훨씬 낫다. 원리는 간단하다. 신뢰받고 싶다면 그런 사람이 돼라. 남에게 열심히 일하라고 요구한다면 스스로 열심히 일해. 동료들이 대등하게 대해주길 바란다면 스스로 대등한 사람이 돼라. 그다지 복잡한 일이 아니다!

그러나 문자 그대로 실천에는 다른 측면이 있다. 회사나 부서나 팀을 직접 둘러보아라. 직접 모습을 드러내는 것이 리더십의 핵심 요소이며, 이는 책상머리에 앉은 상태로는 발휘되지 않는다. 당신이 임원이라면 다른 임원들이 득실거리는 회의실에만 머물지 말라. 나가서 실제로 일하는 사람들을 만나보아라. 우편물실 사람들, 경비, 프로그래머, 회계원, 자금관리직원 등 일상 업무를 담당하는 모든 사람을 만나보아라.

규칙 6

지나친 관리를 삼가라

앞에서도 언급했지만, 인생과 사업에서 가장 중요한

요소는 측정이 불가능하다. '측정할 수 있으면 관리할 수 있다.'라는 진부한 말은 현실 경제를 평가하는 데 걸림돌이 되었던 것처럼, 위대한 현실 조직을 구축하는 데에도 걸림돌이 되었다. 세계를 돌아가게 하는 것은 숫자가 아니라 사람이다. 우리의 인생과 경력에 의미를 가져다주는 인간의 존재를 과연 어떻게 측정할 수 있겠는가? 기품과 친절과 정직을 어떻게 측정할 수 있는가? 열정과 헌신과 신뢰를 어떻게 평가할 수 있는가? 쾌활함과 경쾌한 목소리와 자부심이 우리 인생을 얼마나 값지게 해주는가? 우정, 협력, 헌신, 정신을 평가할 수 있다면 내게 말해주기 바란다. 단언하건대, 동료 직원들이 자신의 업무에 바치는 무형적 능력을 무시하는 회사는 절대로 훌륭한 인력을 양성할 수도 없고 위대한 조직을 구축할 수도 없다.

존 메이너드 케인스는 이 사실에 대해서 적절하게 지적했다.

> 기업이 정확한 수지타산을 바탕으로 굴러간다고 주장한다면, 이는 순전히 거짓말이다.[2] … 우리에게는 야성적 충동, 무의식적으로 움직이려는 충동이 필요하다. 우리의 야성적 충동이 흐려지고 무의식적 낙관주의가 꺾여

서 치밀하게 계산된 기대만 남게 된다면, 기업은 쇠퇴하
여 소멸할 것이다.

과연 그렇게 될 것이다. 우리는 이런 야성적 충동이 조
직과 우리 마음을 지배하게 해야 한다.

규칙 7
개인의 성취를 인정하라

뱅가드는 설립 초기에 아마도 가장 앞서서 직원을 인정
하는 공식 프로그램을 만들어냈다. 내 기억으로는 이 프
로그램이 1980년경에 시작되었고, 오늘까지도 거의 바
뀌지 않은 채 그대로 시행되고 있다. 분기마다 내가 크
루 멤버들 앞에 나와 뱅가드 우수상을 수여하면 상을 받
는 크루들은 깜짝 놀라곤 했다. 이 상은 동료들의 추천을
받아 임원들로 구성된 위원회에서 심사했는데 팀워크,
협력, 모범적인 서비스, 독창성, 문제해결 능력 등이 우
수한 사람에게 수여되었다. 분기마다 6~10명에게 부상
1,000달러와 함께 이 상을 수여했으며, 크루 멤버가 원하
는 자선단체에 500달러를 기부했고, '단 한 사람만으로도

변화를 일으킬 수 있다'라는 좌우명이 새겨진 상패도 수여했다. 이 우수상 제도는 지금까지도 유지되고 있다.

이 상의 목적은 수상자를 부자로 만들어주는 것이 아니라, 개인의 업적을 인정함으로써 개인이 조직에 소중한 존재라는 믿음을 확고하게 심어주는 것이다. 나는 이제 뱅가드의 대표가 아니지만, 지금도 수상자와 내 사무실에서 마주 앉아 한 시간가량 대화를 나눈다. 이야기를 주고받으며, 배우기도 하고 가르쳐주기도 하면서 서로를 알게 되고, 수상 기념 장서표가 붙은 내 저서에 사인해서 수상자에게 선물한다. 사소해 보일지 모르지만, 이런 인간적 손길이 내가 세운 전통을 보전하는 데 도움이 되리라 확신한다.

규칙 8
충성은 주고받는 것임을 명심하라

고위 임원은 하나같이 직원에게 충성을 요구하지만 단지 이런 요구로 그치는 경우가 너무도 많다. 그러나 최고의 리더는 직원들에게도 마찬가지로 충성으로 보답한다. 1988년 나는 크루 멤버들에게 이렇게 말했다.

"대부분 미국 기업은 일상 업무를 하는 직원들에게 회사에 충성하라고 요구하면서, 회사도 그 보답으로 직원들에게 똑같이 충성하겠다는 약속은 하지 않습니다. 놀랍게도, 기업들은 이것이 잘못된 요구임을 깨닫지 못하고 있습니다."

행동이 따르지 않는 말은 공허하며 무의미하다. 그래서 1980년대 초에 뱅가드가 기반을 잡게 되자, 우리 회사는 크루 멤버들에 대한 충성을 행동으로 보여주었다. 뱅가드 파트너 계획에 따라 모든 크루 멤버는 서명하는 순간부터 우리가 투자자들에게 창출하는 가치에 비례해서 보상을 분배받는다.

나는 (한 푼도 출자하지 않고도) 모든 직원이 이익을 분배받는 회사가 또 있다는 말을 듣지 못했다.

이러한 이익의 원천은 (1) 저비용 우위 (우리 펀드의 비용률이 다른 주요 경쟁자보다 낮다) (2) 펀드의 실적 우위 (3) 자산규모이다. 따라서 우리의 비용 우위가 확대될수록, 우리 펀드의 수익률이 경쟁 펀드들의 수익률을 초과할수록, 우리 자산이 증가할수록, 우리 이익은 크게 증가했다! 크루 멤버마다 파트너 점수가 있는데, 이는 근무 기간이 길어지고 직급이 높아질수록 증가했다. 매년 6월에 보상을 받는데, 이례적인 경우가 아니면 대개 연봉의 30%를 받았다.

규칙 9
장기적 관점을 유지하라

기업을 이끈다는 것은 진지하고, 고되며, 결함 많고, 까다로운 과업이다. 치열한 경쟁 때문에 경영자와 근로 자들은 항상 긴장을 늦추지 못하며, 경기순환은 물론 산업의 필연적인 부침과 변천에서 오는 급박한 사태에 대처하느라 고통스러운 결단과 절충을 강요받을 때가 많다. 그러나 기업을 이끈다는 것은 긴장감 넘치고, 도전적이며, 보상받는 일이기도 하다. 그 핵심적인 차이는 장기적인 관점에 집중함으로써 단기적으로 발생하는 어려움을 무시할 수 있느냐에 달려 있다. 나는 우리 크루 멤버들을 수없이 일깨웠다.

"이 직장에 잠시 머물 것인지 오래 근무할 것인지만 결정하면 바른 결정을 내리기가 한결 쉬워진다."

사람들이 사업을 단기적 관점으로 보는 것은 주로 신문의 피상적인 머리기사와 이미지, 갑작스러운 과제 등이 우리의 관심을 엉뚱한 곳으로 돌려놓기 때문이다. 사업의 영원한 실체는 고객이 원하는 좋은 제품과 서비스를 공정한 가격으로 제공하는 것이다. 물론 어려운 시기가 와서 힘든 환경이 전개되면 고객의 인식도 바뀔 수 있다. 그러나 시간이 지나면 인식은 실체를 따라가기 마련이다.

따라서 훌륭한 인력은 장기 자산으로 관리해야 하며, 훌륭한 리더나 경영자가 되고자 하는 사람은 장기적인 관점을 유지해야 한다. 몇 가지 지침을 제시하겠다. 일시적으로 사업이 침체해도 해고를 삼가라. 보상에 대해 너무 각박해서는 안 된다. 단기적으로 예산이 부족하다고 복지를 축소하지 말라. 직원의 일정 비율에 대해 일률적으로 나쁜 평점을 매기지 말라. 절대로 그래서는 안 된다! (업계에서는 이 방식을 '등급 매겨 내쫓기'라고 부른다) 하지만 장기적 관점에 집중하면 우리는 위대한 조직을 구축하는 적절한 환경을 만들어낼 수 있다. 지속하는 기업의 근본은 **인격**이다.

규칙 10

계속 전진하라

훌륭한 인력을 양성하고 이끌어가는 리더와 경영자들의 공통적인 태도를 한마디로 표현한다면, 그것은 '계속 전진하라'가 될 것이다. 이것은 내가 기억하는 가장 오랜 과거부터 우리 가족의 좌우명이 된 생활방식이었으며, 이 생활방식 덕분에 나는 좋을 때나 나쁠 때나 버틸 수 있었다.* 이 좌우명은 투자은행가였던 클리프턴 암스트롱 힙킨스 삼촌의 낡은 가재잡이 배의 이름 '프레스온Press On'에서 따온 것이다. 그 배의 자그마한 조타실에는 캘빈 쿨리지 대통령의 말씀이 담긴 액자가 걸려 있었다.

끈기를 대신할 것은 세상에 없다. 재능은 아니다. 재능을 갖고도 실패한 사람은 세상에 널려 있다. 천재도 아

---

* 나는 2학년 때 폴 새뮤얼슨 교수로부터 경제학을 배우면서, 처음에는 성적 불량으로 장학금을 박탈당하고 프린스턴 대학교에서 쫓겨날 위험에 처했다. 그러나 나는 끝까지 버텼고, 결국 우등으로 졸업했다. (그리고 경제학이 내 전공과목이 되었다.)

니다. 천재가 소용없다는 말은 속담이 되다시피 했다. 교육도 아니다. 세상에는 고학력 낙오자가 넘친다. 끈기와 결단력만 있으면 무엇이든 할 수 있다. "계속 전진하라!"라는 좌우명이 인류의 문제를 풀어왔고, 항상 풀어낼 것이다.

한 마디 경고하겠다. 리더들은 폭풍우가 몰아치고 상황이 어려워지면 계속 전진해야 한다고 직관적으로 이해한다. 그러나 해가 나고 상황이 풀려도 계속 전진해야 한다고 생각하는 사람은 훨씬 적다. 좋은 시절이나 나쁜 시절이나 결국 다 지나간다는 사실을 리더와 경영자 모두 명심해야 한다. 가장 좋은 방법은 상황과 관계없이 계속 전진하는 것이다.

다른 위대한 사상과 마찬가지로 계속 전진한다는 아이디어는 전혀 새로울 것이 없다. 사도 바울은 군중들에게 자신을 본받으라고 말하고, 푯대를 향하여 좇아갔다. 2,500년 전 부처가 남긴 마지막 말도 같은 뜻이었다.

"끊임없이 정진하라."

우수기업

리더와 경영자 모두 다음 규칙을 배우고 실천할 수 있다면, 어느 회사든지 (섬김의 리더십servant-leadership 개념을 창안한) 로버트 그린리프Robert Greenleaf가 말하는 '우수기업'이 될 수 있다. 그는 우수기업에 대해 다음과 같이 설명했다.

> 우수기업이 일반 기업과 다른 점은 흔히 언급되는 기술적 우위, 기민한 시장분석, 건전한 재무구조 같은 요소가 아니다. 어떤 회사가 되고 싶은지, 우선순위를 어떻게 정할 것인지, 어떤 체계로 고객을 섬길 것인지에 대해 관습에 얽매이지 않고 생각하는 능력이 중요한 요소이다. 우수기업은 급진적인 철학과 자기 이미지를 갖춘 회사이다.
> 우수기업이 꿈꾸는 자유로운 사고방식은 자유로운 비전에서 나온다. 자유로운 비전이 이토록 드문 이유는 무엇일까? 자유로운 비전은 전달하기가 어렵기 때문이다. 그러나 전달하기 어렵다는 점은 이유의 절반에 불과하다. 이유의 나머지 절반은 비전을 요약해서 설득력 있게

전달하는 능력을 갖춘 사람들 가운데, 용기를 갖고 열정적으로 실행에 옮기는 사람이 거의 없기 때문이다. 그러나 섬기는 리더들이 등장해서 예언자 같은 목소리로 자유로운 비전을 선명하게 제시해야만 배려하고 봉사하는 사회를 만들 수 있다.[3]

뱅가드가 우수기업의 요건을 충족하는지에 대한 판단은 나보다 훨씬 현명한 후임 대표들에게 맡긴다. 물론 나는 뱅가드가 요건을 충족하기를 희망한다. 하지만 나는 주저 없이 말하는데, 이는 뱅가드가 어떤 회사가 되고 싶은지, 우선순위를 어떻게 정할 것인지, 어떤 체계로 고객을 섬길 것인지에 대해 관습에 얽매이지 않고 생각하는 능력에 따라 좌우될 것이다.

가치와 이익

이제 독자들도 느끼겠지만, 나는 다른 회사들도 뱅가드의 사례로부터 배울 수 있다고 확신한다. 펀드회사든, 다른 금융회사든, 제조회사든, 서비스회사든 아무 상관 없다. 다행히도, 이렇게 확신하는 사람이 나 말고 또 있다. 『가치 이익 사슬The Value Profit Chain』에서 하버드 비즈니스 스쿨의 세 교수는 (월마트와 함께) 뱅가드에 대해 이렇게 설명했다.[4]

"이 회사의 놀라운 성과는 … 사업 초기에 설정된 가치 이익 사슬에 바탕을 두고 있으며 … 해당 산업에서 리더의 지위에 올라섰다."

저자들이 제시하는 가치 이익 사슬의 개념은 다음과 같다.

"고객의 충성도와 몰입도가 경쟁사보다 높다. 만족도 높고, 헌신적이며, 충성스럽고, 생산성 높은 직원들이 가치를 창조한다. 직원들은 경영이 공정하고, 경력발전의 기회가 있으며, 고객에게 서비스를 제공할 수 있으므로 만족한다. … 조직이 가치 이익 사슬 요소를 제대로 갖추면 그 실적은 극적으로 향상된다. 뱅가드의 우수한 수익률, 낮은 비용, 높은 고객 만족이 그 예이다."

창조적 파괴의 강풍

우리의 경쟁자들은 당혹감과 회의가 섞인 시각으로 우리의 등장을 바라보았다. 우리는 펀드 산업에서 가장 크고 존경받는 리더로 성장했고, 독특한 조직구조로 비용을 최소화하는 일에 집중했으며(다른 회사들은 거의 하지 않는 일이었다) 광신적인 열정과 외고집을 유지했다. 우리는 감히 튀는 모습을 드러냈다. 우리는 신뢰, 청지기 정신, 프로정신이 조직의 구석구석까지 스며든 회사를 세웠으며, 회사는 훌륭하게 기능을 발휘했다. 무엇보다도 나는 100년 이상 지속하는 회사를 세우려고 최선을 다했다. (실제로 설립 100주년이 멀지 않았다. 바로 올해가 웰링턴 펀드 설립 80주년이다. 웰링턴 설립자이자 나의 위대한 스승인 월터 모건은 하늘에서 축하를 받을 것이다. 80주년은 결코 사소한 업적이 아니다!)

실제로 100년을 넘긴 회사는 거의 없다. 예를 들어 겨우 지난 50년 동안 포천 500대 기업 명단에서 일어난 변화를 들여다보라. 1955년 책이 처음 출간된 이후 명단에 한 번이라도 들었던 2,000개 기업 가운데 대부분이 이미 사라졌다. 500대 기업 가운데 겨우 71개 회사만이 현재까지 남아 있다. 이런 극심한 변화는 (기업가 정신이 경제성장을 주도하는 핵심 세력이라고 가장 먼저 인식했던) 조지프 슘페터가 말한 '창조적 파괴의 강풍' 때문임이 분명하다. 그는 변화에 대한 준비가 부족한 기존 기업은 새로운 아이디어와 신기술을 갖추고 비전 있는 기업가가 이끄는 새로운 기업에 밀려난다고 말했다.

하지만 헌신적이면서도 대담하게 긍정적인 문화를 구축하는 회사라면 창조적 파괴의 위협을 물리치지 못할 이유가 없다. 『좋은 기업을 넘어 위대한 기업으로Good to Great』의 저자 짐 콜린스Jim Collins는 말한다.

> 단지 돈만 벌려는 목적을 넘어서서 가치를 바탕으로 회사를 설립했다면, (그 문화에 힘입어 탁월한 실적을 올릴 텐데) 왜 평범한 회사에 밀리고 엉뚱한 회사에 굴복하겠는가? 또한, 오래가며 가치 있는 것을 창출하겠다는 생각을 왜 포기하겠는가? 위대한 기업이 인간의 수명만큼도 버티지 못하고 사라져야 한다는 자연의 법칙 따위는 없다. [5]

나의 희망은 뱅가드가 단지 오래가는 것이 아니라, 오래갈 가치가 있는 기업이 되는 것이다. 이에 더해서, 오래갈 가치가 있는 다른 기업들도 창조적 파괴의 강풍을 이겨내기 바란다. 물론 그렇게 되려면 그 기업은 단지 돈 버는 것을 넘어서는 가치와 목적을 갖춰야만 한다. 아울러 경영자와 리더 모두 회사 구석구석에 비전과 인격을 확산시켜야 하고, 남녀 직원 모두 머리뿐 아니라 가슴으로 도전을 맞이해야 한다.

과도한 관리를 삼감으로써 충분히 공급되는 양질의 경영자들은 일을 옳게 해야만 한다. 오로지 탁월한 경영을 통해서만 우수기업 육성에 필요한 정책과 업무를 효과적으로 실행할 수 있기 때문이다. 그러나 오로지 (절대 충분해본 적이 없는) 진정한 리더십을 통해서만 우리는 바른 일에 집중할 수가 있다. 즉, 인간을 배려하는 원칙을 수립하고, 행동의 방향을 설정하며, 비전을 제시하여 조직 구성원들을 격려하고 이끌어갈 수 있다.

True Measures of Money, Business, and Life

LIFE

PART III

인생에 대한 태도

8장 _____

재물에는
지나치게 집중하지만
책임에는
충분히 집중하지 않는다

내가 기억하는 한, 나는 인간이라는 위대한 존재로부터 늘 영감을 받아왔다. 때로는 고대 그리스 철학자, 성경(특히 킹 제임스 판) 셰익스피어 등 기대했던 곳에서 영감을 얻는다. 그러나 때로는 전혀 기대하지 않았던 곳에서 위대한 진실을 발견하기도 한다. 10년 전 필라델피아 교외의 영화관에서 인기 영화를 볼 때 이런 일이 발생했다.

그것은 조너선 하르Jonathan Harr의 책을 영화로 만든 〈시빌 액션Civil Action〉이었는데, 매사추세츠 주의 한 마을에서 치명적인 수질오염이 발생한 뒤 벌어진 소송을 다룬 영화였다. 야심 찬 상해 변호사(존 트라볼타 분)는 처음에는 피해자 가족에게 수백만 달러를 벌어줌으로써 명성과 부를 얻고자 했다. 그러나 소송이 진행됨에 따라 그는 피해자 가족에게 몰두하게 되었고, 오염의 영향을 조사하는 과정에 스스로 거금을 지출하게 되었으며, 그와 그의 작은 회사는 커다란 채무를 안게 되었다. 영화가 진행됨에 따라, 원칙을 지키며 정의를 추구하던 그는 재산을 소모하여 파산의 위험에 처한다. 안타깝게도 그는 완전히 무너지고, 영화의 마지막 장면에서는 그가 개인 파산 법정에 서 있는 모습이 그려진다.

여기서 판사는 한때 잘나가던 부유한 변호사의 재산이 이제는 14달러와 휴대용 라디오뿐이라는 사실을 믿지 못한다. 판사는 물었다.

"당신의 인생을 평가할 만한 재물은 어디 있습니까?"

이 심오한 질문에 놀라, 나는 하마터면 자리에서 벌떡 일어날 뻔했다. 당신의 인생을 평가할 만한 재물은 어디 있습니까? 그러나 그는 이제 재물이 없다. 그는 죽은 아이들과 철저하게 짓밟힌 가족을 위해서 일어섰다. 그는 자신의 경력을 걸었다가 모두 잃었다. 우리는 그를 재물로 평가해야 하는가, 사람됨으로 평가해야 하는가?

인생에 대한 평가를 다룬다는 면에서 이 영화는 할리우드에 어울리는 영화가 아니다. 그러나 질문은 여전히 의미심장하다.

당신의 인생을 평가할 만한 재물은 어디 있습니까?

나는 아직도 이 질문에 대한 궁극적인 답을 찾는 중이다. 그러나 우리는 절대로 그런 재물이 인생을 평가하게 해서는 안 된다. 미국처럼 헤아릴 수 없을 정도로 물질적으로 풍요로운 나라에서는 이런 함정에 빠지기 쉽다. 2,500년 전 그리스 철학자 프로타고라스는 '인간이 만물의 척도'라고 말했다. 오늘날 우리 사회는 '재물이 인간의 척도'가 되어가는 것이 아닌지 걱정스럽다.

실제로, 죽을 때 장난감이 가장 많은 사람이 승자라는 엉터리 경구도 있다. 이런 척도는 터무니없고, 피상적이며, 자멸로 이끈다. 세상의 자원은 한정되어 있는데도, 사람들은 사소하고 덧없는 일에 쓰려고 앞다퉈 몰려든다. 지구에는 문자 그대로 수십억 인구가 곳곳에 흩어져 살면서, 원조와 구제, 안전, 연민, 교육, 기회를 달라고 절규하고 있다. 이런 무형자산들이 수많은 유형적 재물보다 훨씬 가치가 높다. 내가 가장 좋아하는 찬송가 〈은혜의 하나님 영광의 하나님God of Grace and God of Glory〉이 이를 잘 설명해준다.

> 미친 듯 싸우는 당신의 자녀를 치유하시고, 우리의 자만을 당신의 통제 아래 굴복시켜주십시오. 우리가 방종과 이기적 즐거움과 물질적 풍요와 영혼의 빈약함을 부끄러워하게 해주십시오.

할리우드 영화가 사람의 인생을 물질로 평가하는 세태를 걱정했다는 사실이 놀랍다면, 탐욕이 지배하는 투자 분야의 사업가가 이런 걱정에 공감했다는 사실은 더욱 놀라울 것이다. 그러나 인생은 평탄하기 어려우며, 재산과 건강과 가족 등 운명의 반전에 대비해야 한다는 점을 나는 충분히 알고 있다.

나는 이제 79세에 이르렀으므로 전도서의 지혜로운 경고를 이해할 만큼 오래 살았다.

> 내가 돌이켜 해 아래서 보니 빠른 경주자라고 선착하는

것이 아니며 유력자라고 전쟁에 승리하는 것이 아니며*
지혜자라고 식물을 얻는 것이 아니며 명철한 자라고 재
물을 얻는 것이 아니며 재능 있는 자라고 은총을 입는
것이 아니니 이는 시기와 기회는 모든 자에게 임함이라.
(전도서 9:11)

다시 말해서, 시기와 우연은 우리에게 재물을 가져다
주기도 하지만, 재물을 빼앗아가기도 한다. 그러나 우리
의 재물은 생겼다가 사라지더라도, 우리의 인격은 그대
로 남는다.

대담성, 결단, 섭리

재물이 본래부터 덧없는 것이라면 (결국, 우리는 재물을

---

* 데이먼 러니언(Damon Runyon, 미국의 신문기자 겸 작가)은 이 구절을 인용하면서 다
음과 같이 경고를 추가했다. "빠른 자가 반드시 경주에 승리하는 것도 아니고, 강
한 자가 반드시 전쟁에 이기는 것도 아니지만, 사람들은 대개 이런 식으로 내기를
건다."

가지고 갈 수 없다) 무엇이 중요하다는 말인가? 우리의 인생을 무엇으로 평가해야 하는가? 19세기 독일 철학자 괴테는 그것이 '대담성'이라고 말했다.

당신은 진지한가? 바로 이 순간을 붙잡아라.
당신이 할 수 있거나 꿈꿀 수 있다면 그것을 시작하라.
대담성은 천재적이고 강력하며 마법적인 능력이 있다.[1]

괴테의 고무적인 말이 스코틀랜드 작가 머리w. H. Murray
에게 커다란 영감을 주었다.

결단을 내리기 전까지 사람은 주저하고, 뒤로 물러서며, 항상 무능한 모습을 보인다. 주도적이고 창조적인 모든 행위에는 한 가지 기본적인 진실이 있다. 이 진실을 모르면 수많은 아이디어와 눈부신 계획이 사라져버린다. 그것은 우리가 확고하게 결단을 내리는 순간, 섭리도 바뀐다는 사실이다.
온갖 사건들이 결단에서 비롯되며, 꿈도 꾸지 못했던 사건과 만남과 물질적 지원이 우리에게 유리한 방향으로 진행된다. 무엇이든 당신이 할 수 있거나 꿈꿀 수 있

다면, 그것을 시작하라. 대담성은 천재적이고 강력하며 마법적인 능력이 있다. 지금 당장 시작하라.[2]

그래서 대담성과 결단이 결합하면 이른바 **섭리**providence 를 불러오는 듯하다.

이 말은 모두 맞다. 무엇보다도 나 자신의 인생이 그 증거다. 내가 대담하게 결단을 내릴 때면 언제나 섭리가 따라주었다. 내가 졸업논문 주제를 찾고 있을 때 《포천》에서 펀드 산업에 관한 기사를 우연히 발견하게 되는 섭리가 있었고, 이후 나는 이 분야에 몰두하게 되었다. 웰링턴 자산운용에서 해고되는 섭리(분명히 섭리였다!)에 의해서 나는 펀드 산업에서 일자리를 되찾겠다고 결단을 내리게 되었고, 뱅가드를 설립하게 되었다.

내 심장이 멈춰가던 순간 새 심장을 받는 섭리가 있었다. 그래서 인생에서 두 번째 맞이하는 기회에 최선을 다하기로 결단을 내렸다. 이 밖에도 이 책에서 많은 사례를 제시했다. 섭리에 의해서 항상 다이아몬드 밭이 나의 발견을 기다리고 있었지만, 사용하려면 결단이 필요했다.

마찬가지로, 뱅가드에서 대담한 행위를 할 때마다 나는 실제로 천재적이고 강력하며 마법적인 힘을 얻었다.

내가 아니라 동료 크루 멤버들의 천재적이고 강력하며 마법적인 힘과 아이디어가 우리를 이끌었다. 매력적인 신상품을 개발해서 고객들이 몰려오게 했고, 비용을 낮췄으며, 장기투자를 했고, 우리 주위에 지름길이 나타나더라도 항상 바른길을 가기로 확고한 결단을 내렸다.

나는 일간지 《필라델피아 이브닝 불리틴》의 경찰 출입 기자 시절에 혹독한 경험을 한 뒤, 지름길을 단호히 거부하게 되었다.

1950년 여름, 아르바이트를 하던 중 나는 신문사로부터 화재를 취재하라는 전화를 받았다. 화재 현장은 내가 있던 소방서에서 두 정거장 떨어진 거리에 있었다. 나는 차가 없었다. 게다가 자정 무렵이었다. 나는 지쳐 있었고 일에 흥미도 느끼지 못했다. 그래서 소방관들이 돌아올 때까지 기다려서 이야기를 들은 뒤 신문사에 보고했다. 그러나 내 보고가 상세하지 않은 것을 보고 눈치를 챈 교열기자가 한 가지 질문으로 나를 꼼짝 못 하게 만들었다. "보글, 불난 집이 무슨 색깔이었지?"

나는 내 행동이 부끄러웠던 데다가 일자리를 잃을까 두려웠기 때문에 "지금 당장 가보겠습니다."라고 대답했다. 나는 그렇게 했다. 이것은 인생의 손쉬운 지름길을 경계하게 해준 훌륭한 교훈이었다. (그 교열기자에게 진심으로 감사드린다!) 어차피 해야 하는 일이라면 바르게 하는 것이 최선이다.

결단과 대담성. 이들은 진정으로 중요하고, 이들을 통해서 우리 인생을 평가할 수 있으며, 이들은 섭리를 우리 편으로 만들어준다. 결단과 대담성은 생계 방편으로만 중요한 요소가 아니다. 빵만으로 사는 사람은 아무도 없다는 사실을 명심해라.

가족과 사회에 대한 결단

원만한 인생이 되려면 다른 결단도 필요하다. 이런 결단은 가족과 함께 시작된다. 우리가 결단을 내리기 전까지는 물러설 기회가 있지만, 일단 가족에 대해서 결단을 내린 뒤에는 전혀 새로운 온갖 일들이 발생한다. 나는 가족에 대해 결단을 내린 후 결혼의 축복을 받았다. (이브와 나는 이제 환상적인 결혼생활 52년을 바라보고 있다) 자녀를 축복으로 받았고, 손주를 축복으로 받았으며, 아마도 언젠가 증손주까지도 축복으로 받을 것이다.

이웃과 사회에 대한 결단 역시 극히 중요하다. 갈수록 개인주의가 판치는 이 시대에 공동체 정신은 기묘한 시대착오처럼 보일지도 모른다. 그러나 오늘날 협력과 단결의 정신은 그 어느 때보다도 중요하다. 특히 대도시에서는 엄청난 부와 뼈에 사무치는 가난이 공존하고 있으며, 역설적이게도 두 극단이 공동체 정신을 갈라놓는 듯하기 때문이다.

나는 이런 높은 가치를 육성하는 일에 종교가 건설적인 역할을 한다고 주저 없이 말할 수 있다. 내가 신봉하는 유대-기독교적 가치를 지금 자세히 설명할 생각은 없지만, 사실상 모든 종교가 신이 존재한다고 가르치고, 황금률의 덕목과 십계명에 해당하는 행동규범도 가르친다. 우리는 어떤 종류의 믿음이냐에 관계없이 단지 우리보다 위대한 존재를 믿기 때문에 개인과 가족이 번창한다.

시민 정신에 대한 결단

나는 성공한 사람들을 많이 만나보았는데, 이들 가운

데는 자신의 힘으로 성공했다고 자부심을 나타내는 사람이 많았다. 그러나 나는 누구도 자기 혼자만의 힘으로는 성공할 수 없다고 믿는다. 우리는 가족이 키워주고 사랑해주었고, 친구와 동료들이 도와줬으며, 선생님들이 헌신적으로 가르쳐주었고, 조언자들이 격려하고 이끌어주었으며, 섭리의 인도에 따라 자신의 목표를 깨닫게 되었다.

"나는 혼자 힘으로 해냈습니다."

정말인가? 나는 이런 소리를 들으면 이렇게 물어본다.
"당신은 무슨 재주로 미국에 태어났습니까?"

이제 나는 마지막 결단을 확인하게 되었다. 애국가 가사에 나오는 '아름다운 미국America the Beautiful', 나의 조국에 대한 결단이다. 당부하건대, 미국인으로서 우리의 유산을 훼손하지도 말고 당연하게 여기지도 말기 바란다. 또한, 애국가의 훌륭한 가사가 경고하듯이, 절대로 우리가 완벽에 도달했다고 생각하지 말라.

"미국이여! 미국이여! 하나님이 모든 결함을 고쳐주시기를. 미국의 영혼을 스스로 절제하고, 자유를 법으로 확립하게 하소서."

우리가 훌륭한 시민의 기본 원칙을 지키기 위해서 매일 최선을 다하겠다고 대담하게 결단을 내리는 순간, 우리나라에도 마법이 일어난다.

따라서 우리가 독특한 천재성, 능력, 마법을 불러일으킬 것인지는 우리 각자에게 달려 있다. 섭리가 나의 결단에 항상 반응했듯이, 당신의 결단에 대해서도 반응할 것이다. 정말로 반응할 것이다! 따라서 당신이 하는 모든 일에 대담해져라. 우리 각자는 어떤 일에 집중할 것인지, 그리고 그 일에 얼마나 집중할 것인지 스스로 결정해야만 한다. 우리 인생이 재물 모으기에 너무 치우친 것은 아닌지, 가족과 직장과 사회와 세계에 대한 대담한 결단이 부족한 것은 아닌지 조용히 성찰하는 시간을 갖는다면 우리 모두에게 도움이 될 것이다.

True Measures of Money, Business, and Life

9장

21세기 가치는 넘치지만 18세기 가치는 부족하다

다작 작가이자 사회 비평가면서 뉴욕 대학교 교수였던 닐 포스트먼Neil Postman이 서명해서 주었던 책을 나는 몇 년 전 여름에야 읽게 되었다. 『18세기로 이어지는 다리 놓기Building a Bridge to the Eighteenth Century』의 핵심 메시지는 서문에 요약되어 있다.

> 머지않아 우리는 18세기 사람들이 몰랐던 것은 모두 알게 되고, 이들이 했던 일은 전혀 모르게 될 것이다. 이는 견디기 힘든 일이 될 것이다.[*]

포스트먼의 책은 이성 시대의 특징인 구식 자유 인도주의를 열렬히 옹호한다. 그가 추구하는 목표는 정신과 기계 사이의 균형을 회복하는 일이었고, 그의 주된 걱정은 우리가 18세기로부터 벗어나고 있다는 점이었다. 당시에는 서구 문명의 가치와 특성이 위대한 철학자와 리더들의 가장 중요한 관심사였고, 모든 중요한 일에는 도덕성이 따라야 한다는 생각이 지배적이었다.

포스트먼의 사고방식에 따르면 진실은 유행이나 세월에 영향받지 않는다. 나는 그 정도로 확신하지는 않는다. 물론 결국에는 실체가 이기는 법이므로 장기적으로는 그렇게 되겠지만, 단기적으로는 인식이 이기는 경우가 많다. 나는 우리가 진실에서 벗어나 트루시니스truthiness(사실에 근거하지 않고 자신이 믿고 싶은 것을 진실로 받아들이려는 성향. 2006년 미국 올해의 단어)로 가고 있다고 주장한다. 우리는 자신의 이익 때문에 믿고 싶은 아이디어나 숫

---

*단 한 번 만났지만, 포스트먼은 내가 믿는 가치를 충분히 이해하고 책에 이렇게 써주었다. "존에게. 18세기의 영광을 잊지 않은 당신을 21세기에 만나서 반갑습니다. 상식을 위해 건배합시다!"

자만 믿으며, 다른 사람도 설득해서 똑같이 믿게 하려고 한다. 우리 사회 최고 부유층은 이런 이기심 때문에 소유 자본주의로부터 경영자 자본주의로의 '병적인 변화'(『만국의 주주들이여 단결하라』에서 내가 쓴 표현)를 정당화했다.

그러나 이런 병적인 변화는 사회 전반에 너무도 폭넓게 퍼진 나머지 우리의 생활 속까지 파고들었다. 우리 손끝에 위키피디아Wikipedia가 펼쳐지고 구글이 항상 우리를 기다리므로 정보는 주위에 넘쳐흐르지만, 지식은 갈수록 차단되고 있다. 사실(대개 '유사 사실')은 곳곳에 널려 있다. 그러나 지혜(건국의 아버지들의 시대에 풍부했던 유형의 지혜)는 부족하다.

10여 년 전 내가 정보 시대에 대한 회의감을 처음 표현했을 때, 나는 순진하게도 이것이 나만의 생각이라고 믿었다. 그러나 하늘 아래 새로운 것이 없는 법이다. 나는 최근 엘리엇T. S. Eliot이 「락The Rock, 1934)」에서 밝힌 같은 생각을 발견하고 기뻐했다.

우리가 살면서 잃어버린 인생은 어디에 있는가?
우리가 지식 속에서 잃어버린 지혜는 어디에 있는가?
우리가 정보 속에서 잃어버린 지식은 어디에 있는가?

21세기 하늘의 주기가 우리를 하나님에게서 멀어지고
먼지와 가까워지게 하는구나.

닐 포스트먼의 핵심 메시지를 바꿔 말하면 머지않아 우
리가 중요하지 않은 것은 모두 알게 되고, 중요한 것은
전혀 모르게 된다는 뜻이다.

이성 시대

포스트먼이 찬사를 보낸 이성 시대(계몽 시대라고도 부른
다)는 18세기가 중심이 되며, 서양철학과 사회의 중추가
되었다. 서구 문명의 위대한 지성인들과 철학자들은 항
상 의견이 일치했던 것은 아니지만, 이들은 서로 힘을 모
아 이성을 확산시키고, 사회 개혁의 열정을 키웠으며, 상
업과 금융은 물론 교육과 종교를 위해서도 도덕적 권위
가 중요하다고 믿었다.
이 사상적 리더들은 민족국가와 인간의 자유도 중요하
다고 믿었는데, 토머스 페인Thomas Paine의 강력하고도 영
향력 있는 저서인 『이성의 시대The Age of Reason』와 『인권

The Rights of Man』이 그 예이다. 페인의 열정적인 에세이 『상식Common Sense』은 우리나라를 세우는 데 중요한 역할을 했다. '미국이 영원히 섬나라의 통치를 받아야 한다는 생각'이 터무니없음을 식민지 주민들에게 일깨워주었고 '최소의 국가 비용으로 최대의 개인 행복을 가져다주는 정부'가 필요함을 일깨워주었으며 '무엇이든 단순할수록 혼란이 적다'는 사실을 일깨워주었다. *

페인과 마찬가지로 토머스 제퍼슨과 알렉산더 해밀턴도 이성, 권리, 개혁을 감동적으로 주장했다. 존 애덤스, 조지 워싱턴, 제임스 매디슨, 기타 건국의 아버지들은 뜻을 모아 계몽의 가치를 강조했다. 이들은 영국과 유럽 전역의 지지자들로부터 큰 영향을 받았는데, 당시 유명한 인물로는 에드먼드 버크, 데이비드 흄, 이마누엘 칸트, 존 로크, 아이작 뉴턴, 장 자크 루소, 애덤 스미스 등이 있다.

이런 철학자들의 사상 역시 옛 선배들에게서 왔는데, 대표적인 인물로 호머, 소포클레스, 소크라테스, 플라

---

* 독자들도 느끼겠지만, 뒤의 두 주제가 이 책에 자주 등장한다.

톤, 아리스토텔레스, 베르길리우스, 단테, 윌리엄 셰익스피어, 프랜시스 베이컨, 존 밀턴 등이 있다. 모두 위대한 사상가이자 작가로서, 자기 생각을 강력하고도 명확하게 표현했기 때문에 오늘날까지도 우리를 감동하게 한다. 18세기 이성 시대의 영웅들은 이런 초기 영웅들의 어깨 위에 섰으며, 이들의 기여를 빼놓고서는 현대 세계를 상상하기도 힘들다.[*]

18세기 인물의 전형

벤저민 프랭클린은 18세기 인물의 전형이었다. 내가 그를 여기 인용하는 이유는 그가 계몽주의 가치를 탁월하게 드러냈을 뿐 아니라, 나를 받아준 형제애의 도시에

---

[*] 85개 논문이 실린 『연방주의자 논집(The Federalist Papers)』이 없었다면 우리 헌법은 (정족수에 해당하는) 13개 주 가운데 9개 주의 승인을 얻지 못했을 것이다. (간발의 차이로 통과된 경우도 많았지만, 결국 13개 주 모두에서 승인되었다.) 52개 논문을 쓴 알렉산더 해밀턴은 로마 공화국 건국자이자 위대한 장군이었던 인물의 이름을 따서 필명을 푸블리우스(Publius)로 선택했는데, 이는 '민중의 친구'라는 뜻이다.

서 가장 유명한 시민이었기 때문이다.

널리 알려져 있듯이 그는 건국의 아버지, 농부, 정치가, 외교관, 과학자, 철학자, 저자, 경구의 달인, 현실적 지혜의 원천으로서 탁월한 업적을 남겼으며, 이에 합당하게 찬양받고 있다. 그러나 그의 놀라운 기업가 정신은 우리 시대의 기업가 정신과 커다란 대조를 이룬다.

현재의 웅장한 자본주의 시대에 기업가라는 단어는 주로 재산에 대한 욕망이나 탐욕 때문에 기업을 설립하는 사람들을 연상시킨다. 그러나 사실 기업가란 단지 '기업을 맡은 사람'이라는 뜻이며, 조직을 설립하고 지휘하는 사람을 가리킨다. 좋게 보면, 기업가 정신은 돈보다 훨씬 중요한 것을 포함한다.

내 말을 액면대로 받아들일 필요는 없다. 위대한 경제학자 조지프 슘페터의 말에 귀를 기울여보자. 거의 100년 전에 쓴 『경제 발전의 이론Theory of Economic Development』에서 슘페터는 물질적 금전적 이득이 아니라 다음과 같은 강력한 동기가 기업가를 움직이는 주된 동인이라고 밝혔다.

(1) 창조하고 완수하며 자신의 에너지와 독창성을 발휘하

는 기쁨

(2) 정복하려는 의지: 싸우려는 충동 … 성공의 과실이 아니라 성공 자체를 추구하는 욕구.

기업가와 자본가

기업가와 자본가는 다르다. 프랭클린의 전기 작가 브랜즈H. W. Brands는 말한다.

"프랭클린이 정말로 자본가의 정신을 지녔다면 그는 인쇄술에 시간을 투입하는 대신 다른 분야에서 돈벌이를 했을 것입니다."[1]

그러나 그는 그렇게 하지 않았다. 프랭클린에게 돈은 항상 목적을 위한 수단에 불과했기 때문이다. 그의 발명품들은 물론 그가 만든 다른 회사들도 개인적인 이익이 아니라 공공복리를 위한 것이었다. 오늘날까지도 프랭클린의 이상적인 18세기 기업가 정신은 사람들에게 영감을 불러일으킨다.

"열정과 끈기가 모든 것을 이긴다."

이처럼 우리를 일깨우면서, 프랭클린은 자신의 창조

및 성공 동기를 우리에게 보여주는 듯하다. 슘페터의 공식에 따르면 이것이 바로 창조의 기쁨, 에너지와 독창성을 발휘하는 기쁨이며, 정복하려는 의지, 멋진 전투를 즐기려는 의지라 하겠다.

프랭클린이 창설한 상호보험회사가 그의 공동체 중심적인 기업가 정신을 보여주는 모범적 사례에 해당한다. 18세기에는 화재가 항상 도시를 위협하는 중대한 문제였다. 1736년에 겨우 30세가 된 프랭클린은 이런 위협에 대응해서 유니언 소방대Union Fire Company(지역 주민들의 자발적인 협력을 통해 구성된 조합 성격의 자원봉사 소방대)를 설립했는데, 이는 문자 그대로 가입자들의 집을 보호하는 물통 전달 대열bucket brigade이었다. 얼마 안 가서 필라델피아에 다른 화재회사들이 설립되어 서로 경쟁을 벌이게 되었고, 1752년 4월 프랭클린은 동료들과 함께 필라델피아 컨트리뷰션십Philadelphia Contributionship을 설립했는데, 오늘날까지도 유지되어 미국에서 가장 오래된 손해보험회사가 되었다. 그는 여기서 그치지 않았다. 도서관, 학원, 대학, 병원, 학회도 설립했다. 개인적인 치부를 위한 것은 하나도 없었고 모두 공동체에 혜택을 주기 위한 것이었다. 얼마나 멋진가!

다른 기업가들과 마찬가지로 프랭클린 역시 발명가였다. 이번에도 그의 목표는 공동체의 생활의 질을 개선하는 것이었다. (이중 초점 렌즈와 오리발은 말할 필요도 없고) 무엇보다도 그는 피뢰침과 프랭클린 난로를 발명했다. 그는 개인의 이익을 위해서 피뢰침에 특허를 얻으려하지도 않았고, 프랭클린 난로에 특허를 신청하라는 영연방 총독의 제안도 거절했다. 덕분에 프랭클린 난로는 1,744개 발명이 가정 난방의 효율을 혁명적으로 높여 대중에게 커다란 혜택을 가져다주었고, '펜실베이니아 벽난로'로 알려지게 되었다. 프랭클린은 말했다.

"지식은 발견한 사람의 개인 재산이 아니라 모든 사람의 공동 재산이다. 우리가 다른 사람의 발명으로부터 커다란 혜택을 누리듯이, 우리도 우리의 발명으로 다른 사람들에게 기꺼이 봉사해야 하며, 인심을 후하게 베풀어야 한다."

21세기의 첫 10년이 저물어가면서 프랭클린의 고귀한 18세기 가치는 우리의 현실과 뚜렷한 대조를 이룬다. 오늘날의 쓰라린 특허 전쟁, 대기업 임원들의 터무니없는 급여 요구(펀드가 돈을 벌든, 잃든, 사라지든)와 헤지펀드 매

니저들에게 지급되는 엄청난 보상, 상호관계가 사라지는
도시 생활 등. 사실 그 차이는 소름이 끼칠 정도이다.

공정한 관찰자

벤저민 프랭클린이 이성 시대를 몸소 구현한 것처럼 같
은 시대에 살았던 애덤 스미스(프랭클린보다 17세 젊다)도
경제학 원리를 제시하면서 이성 시대를 지성으로 구현했
다. 스미스는 『국부론The Wealth of Nations』에서 보이지 않는
손이 경제를 움직인다고 비유를 들었는데, 이는 지금까
지도 중요한 경제철학 요소로 남아 있다.

> 모든 개인은 자신의 안전만을 염려한다. 그는 자신의 이
> 익만을 위해서 최대의 가치를 생산하려고 노력을 기울
> 이지만, 보이지 않는 손은 그가 전혀 의도하지 않은 방
> 향으로 결과를 이끌어간다. … 개인이 실제로 사회의 이
> 익을 증진하려고 의도하는 경우보다도 사회의 이익을
> 더 효과적으로 증진한다.[2]

보이지 않는 손은 오늘날 전 세계가 다 알고 있는 개념이다. 그러나 그의 초기 저작 『도덕감정론Theory of Moral Sentiments』에 처음 등장하는 '공정한 관찰자impartial spectator'는 오늘날 거의 알려지지 않았다. 그런데 이 공정한 관찰자는 프랭클린이 평생 추구했던 가치를 섬뜩할 정도로 똑같이 주장한다.

스미스가 말하는 공정한 관찰자란, 우리 마음속에서 관대하고 고귀한 가치를 불러일으키는 힘이다. 그가 속한 사회에 의해 형성되는 내면적 자아이며, 우리에게 최고의 소명감을 부여하는 존재이다. 스미스의 표현을 빌자면 이렇게 말할 수 있다.

"공정한 관찰자는 이성, 원칙, 양심, 가슴속에 존재하는 내면적 자아, 우리의 행위를 심판하고 조정하는 위대한 존재이다."

공정한 관찰자는 가장 뻔뻔스러운 열정조차 압도하는 목소리로 우리에게 말한다. 우리는 수많은 사람 가운데 하나에 불과하며, 남보다 나을 바가 전혀 없다고. 우리가 염치없이 맹목적으로 자신을 남들보다 앞세우면 공정한 관찰자는 우리에게 분노하고 혐오하며 매도한다.

공정한 관찰자를 통해서만 우리는 자신이 미미한 존재임을 깨닫는다. 우리 자신이 최대의 이익을 얻으려면 … 관대함을 베풀어야 하고 부정행위를 해서는 안 되며, 우리 자신의 이익은 억제하고 다른 사람의 이익을 키워줘야 한다고 깨우쳐준다. 우리가 성스러운 덕을 남에게 베풀게 되는 것은 이웃을 사랑하기 때문도 아니고 인류를 사랑하기 때문도 아니다. 명예롭고 고귀하며 원대하고 존엄하며 우월한 우리 자신의 모습을 더욱 사랑하기 때문이다.[3]

스미스의 웅장한 목소리가 21세기를 살아가는 우리 시민들에게 자신이 무시하고 있는 그 가치들을 얼마나 일깨워줄지 의문이다. 공정한 관찰자는 18세기의 높은 가치를 명확하게 보여주는 핵심적인 은유이다.

미국 기업의 도덕사

증거에 따르면, 프랭클린과 스미스가 존중했던 가치를 당시 많은 기업가 역시 존중했다. 나의 프린스턴 대학교 졸업논문에 영감을 주었던 그《포천》1949년 판에 '미국 기업의 도덕사道德史'라는 특집기사가 실렸던 사실도 섭리였던 것처럼 느껴진다. 몇 년 전 기사를 다시 읽었을 때는 내용을 제대로 기억할 수 없었지만, 당시에는 내가 기사를 읽었음이 분명하다. 뱅가드의 설립 원칙을 떠올려보니 과거《포천》기사에서 주장한 기업의 도덕적 책임과 비슷했기 때문이다.

기사는 이윤 동기가 미국 기업 리더들이 노력을 기울이게 만드는 유일한 동기가 아니라고 지적했다. 다른 동기로 '권력이나 명성에 대한 욕구, 이타주의, 호전성, 애국심, 제품을 통해 이름을 남기려는 욕구' 등이 있다. 위선자로 살아가기에는 인생이 너무 짧으므로 내게도 이 모든 동기가 있음을 솔직하게 시인한다. 또한《포천》은 미국 사회가 전통적으로 '사업가들이 사회 권력을 휘두르기 위한 도덕적 요건이 무엇인가?'라고 묻는 경향이 있음을 지적했는데, 나도 여기에 동의한다.

《포천》은 뉴저지의 퀘이커교도 사업가 존 울먼John Woolman의 말을 인용했는데, 그는 1770년 '값이 비싸지 않으면서 가장 유용한 물건을 선택하라고 사람들에게 충고한다.'라고 쓰면서, 벤저민 프랭클린이 즐겨 쓰는 말인

근면과 검소가 '재산을 모으고 복을 받는 수단'이라고 지적했다.

1844년으로 넘어오면서 기사는 윌리엄 파슨스William Parsons의 '청렴한 상인'을 인용했다. 그는 훌륭한 상인을 다음과 같이 묘사했다.

"다소의 위험은 감수하지만 다른 사람이 맡긴 재산으로 위험한 사업을 벌이지 않으며, 사치에 빠지지 않도록 조심하고 생활이 소박하며 거만 떨지 않고, 단순한 상인에서 벗어나 **생각**을 개선하며 **마음**을 계발하고 **인격**을 형성하려는 사람이다."

상인과 인간

160여 년 전 파슨스가 내린 상인과 인간에 대한 정의는 무척이나 고무적이었다. 꼭 나를 겨냥해서 한 말 같았다. 상인이 신중하고, 신뢰감 있으며, 소박해야 한다는 말은 내가 직장과 인생에서 추구해온 목표를 적절히 표현하는 말이었다. 또한, 상인을 정의한 세 가지 특성도 마찬가지로 적절했다. 생각에 대해서 말하자면, 나는 지금도 매일 생각을 개선하려고 책을 읽고, 명상하며, 깊이 뿌리박은 자신의 믿음에 도전하고, 시사 문제에 대해 열정과 신념으로 글을 쓰고 있다.

마음에 대해서 말하자면, 나만큼 마음(심장)을 소중히 여기는 사람은 세상에 한 사람도 없을 것이다. 10여 년 전 다이아몬드처럼 소중한 새 심장을 얻었기 때문이다. 인격에 대해서 말하자면, 내가 평생 개발한 모든 도덕적 기준을 내가 세운 작은 회사에 심으려고 마음과 영혼을 다해 노력했다.

이러한 생각, 마음, 인격의 기준이 널리 공감을 불러일으켜, 기업과 금융회사의 리더들이 고객이 맡긴 수조 달러를 다시 고객을 위해서 정성을 다해 운용하게 되기를 희망한다.

청지기 정신으로부터 자본주의로 회귀

컴퓨터가 주도하고 정보가 넘쳐흐르는 이 시대에 우리는 과거에 우리를 훌륭하게 안내해주었던 오래된 진실을 망각했다는 점이 걱정스럽다. 18세기 가치를 존중하는 우리 사회의 태도는 계속 약해지고 있지만, 이런 태도가 완전히 사라진 것은 아니다. 나는 이런 가치를 수호하는 몇몇 목소리를 들을 때마다 용기가 솟는다.

예를 들어, 널리 존경받는 사업가 빌 조지의 말에 귀를 기울여보자.

> 진정한 리더들은 자신의 리더십을 통해서 진심으로 다른 사람들을 섬기고자 한다. … 스스로 권력과 돈과 명성을 독점하기보다는 부하들에게 권한을 부여하여 성과를 이루고자 한다. … 고귀한 마음과 열정과 연민과 정신에 의지하며 … 목적과 의미와 가치로 사람들을 이끌고 … 사람들과 지속하는 관계를 구축하며 … 일관성을 유지하고 자제력을 발휘한다. 원칙이 도전받을 때 이들은 타협을 거부한다.[4]

빌 조지의 베스트셀러가 된 저서 『진실의 리더십 Authentic Leadership』은 정말 감동적이다. 진정한 리더가 이끄는 진정한 기업은 견고한 성과를 창출하며, 본질적 가치를 쌓아 올린다. 이런 리더들은 조직의 구석구석에 도덕적 기준을 구축하고, 주가뿐 아니라 매출과 이익도 지속적으로 상승시킨다. 조지는 이렇게 말한다.

"주주가치를 장기적으로 성장시키는 최고의 방법은 임무를 명확하게 정의해서 직원들의 책임감과 확신을 고취하고, 고객의 신뢰를 높이는 것입니다."

전설적인 보스턴 대학교 법학 교수 타마르 프란켈Tamar Frankel이 열정적으로 저술한 책 『신뢰와 정직Trust and Honesty』을 들여다보자.

> 그 사회가 정직하고 생산적인지 확인하려면 그 사회가 성취한 업적이 아니라 성취하려는 목표를 보면 된다. 정직한 사회라면 돈을 벌지 못했더라도 정직한 사람들을 존경할 것이고 … 사기와 배신으로 야망을 성취한 사람들을 실패한 모델로 간주하여 피하고 저버릴 것이다.[5]

공정한 관찰자의 목소리가 우리에게 필요한 관점을 제공해준다. 빌 조지와 타마르 프란켈은 18세기의 이상과 21세기의 현실을 결합하는 방법을 보여준다. 이 사상가들은 오랜 세월 까마득히 잊힌 요소를 우리에게 일깨워준다. 그것은 18세기 기업가 정신, 상호주의, 공공복리의 핵심적 산물인 덕Virtue이다.

덕

오늘날 덕은 우리를 불편하게 만드는 말이다. 그러나 벤저민 프랭클린은 덕에 대해 전혀 불편해하지 않았다. 겨우 22세가 되던 1728년, 그는 말했다.

"완벽하게 도덕적인 사람이 되겠다고 대담하고도 고된 계획을 세웠다. … 나는 무엇이 옳은지 그른지 알았거나 안다고 생각했지만, 왜 항상 옳은 일을 하지 않거나 그른 일을 피하지 않는지 알지 못했다."

이 과업은 그가 상상했던 것보다 더 힘들었지만, 그는 결국 13개 덕을 열거했다. 중요도 순서로 열거하면 절제, 침묵, 질서, 검소, 근면, 성실, 정의 등이었다. 그는 매일 '아침 질문: 오늘 어떤 선행을 할 것인가?'로 시작해서 '저녁 질문: 오늘 어떤 선행을 했는가?'로 하루를 마쳤다. 이보다 더 도덕적인 방법으로 자신을 계발하는 철학은 상상하기가 힘들다.

18세기의 이상주의 대신 21세기의 회의적 관점으로 보더라도, 나는 젊은 프랭클린의 강력한 도덕의식과 절제된 자기 계발에 경탄하지 않을 수 없다. 현대 사회에서 글로 써가며 덕을 추구하는 사람은 거의 없을 테지만, 프랭클린은 자신의 말대로 '완벽한 인격'을 달성했고, 이를 통해서 동료 시민들의 독립 투쟁에 엄청난 영향을 미쳤다.

이렇게 형성한 인격으로 그는 공익에 헌신했다. 그는 기업가 정신을 발휘했고, 그의 독창력, 에너지, 끈기를 동원하여 수많은 창조를 이뤄냈다. 또한, 이 인격을 통해서 프랭클린은 자만심과 겸손의 균형을 유지하고자 계속해서 투쟁했다. 이는 환락가와 연예인과 돈이 판치는 이 시대에 우리가 포기한 투쟁이다. 프랭클린은 자서전에 다음과 같이 썼다.

아마도 우리가 타고난 열정 가운데 자만심처럼 정복하기 힘든 것도 없다. 아무리 숨기고, 대항하고, 억누르고, 꾹 참고, 극복하더라도 여전히 살아남아서, 때때로 기회를 엿보다가 모습을 드러낸다. 아마 이 책에서도 자

주 보게 될 것이다. 내가 자만심을 완전히 정복했다고
생각하는 순간, 나 자신의 겸손에 대해 자만심을 드러낼
것이기 때문이다.[6]

솔직히 말해서 나의 자만심 역시 종종 기회를 엿보다가
모습을 드러내므로 나도 좀 더 겸손해져야 한다.

프랭클린의 생각은 실제로 18세기에 나왔지만, 우리
시대의 본보기이다. 우리는 주로 이기심 때문에 21세기
가치에만 몰두할 뿐, 공정한 관찰자가 우리를 안내하고
공동체 의식이 사회에 충만했던 18세기의 가치에 대해서
는 너무도 소홀한 모습을 보인다.

10장

성공은 넘치지만
인격은 부족하다

조지아의 탁월한 설교자인 프레드 크래덕Fred Craddock 목사가 (목사들이 으레 그러듯이 상상해낸 이야기겠지만) 실화라고 주장하는 이야기가 있다. 크래덕 박사가 조카의 집을 방문했다. 경주로에서 모형 토끼를 쫓는 늙은 그레이하운드가 있었다. 조카는 전성기가 지난 이 그레이하운드를 다시 집으로 들여놓았다. 크래덕 박사는 이 그레이하운드와 대화를 나누었다.

나는 개에게 말했다.

"요즘도 경주에 참여하니?"

"아니요." 개가 대답했다.

"무슨 문제라도 있어? 나이가 너무 많아서?"

"아니요. 아직 얼마든지 뛸 수 있어요."

"그러면 이유가 뭐지? 성적이 나쁘니?"

"저는 주인에게 100만 달러도 넘게 벌어주었는걸요."

"그러면 이유가 뭐니? 대우가 나빠서?"

"전혀 아니에요. 경주 기간에는 극진하게 대해줘요."

"어디 다치기라도 했니?"

"아니요."

"그럼 왜? 이유가 뭐야?"

"내가 그만뒀어요." 개가 대답했다.

"네가 그만뒀다고?"

"그래요. 내가 그만뒀다고요."

"왜 그만뒀는데?"

"토끼를 쫓아 수도 없이 달렸는데, 알고 보니 내가 쫓던 토끼가 가짜였어요. 그래서 그만뒀어요."[1]

정말 실화인가? 아마 아닐 것이다. 그러나 사람들 대부분은 늙은 그레이하운드의 심정을 이해할 것이다. 우리도 성공이라는 가짜 토끼를 쫓으며 경기장을 수없이 돌았지만, 알고 보니 진짜 토끼는 바로 코앞에서 우리를 기다리고 있었다.

잘못된 부의 척도

분명히 밝히는데, 나는 성공에 반대하지 않는다. 그러나 성공을 정의하는 방법은 여러 가지가 있으므로 나는 가급적이면 성공이라는 단어를 쓰지 않으려고 한다.* 프린스턴 대학교 시절 급우들과 벌인 자유토론 시간에서 성공에 대한 전통적인 정의는 부와 명성과 권력을 얻는 것으로 정리되었다. 당시에는 이 정의가 합리적이라고 생각되었고 이후 50여 년이 흘렀지만, 이 정의는 여전히 합리적으로 보인다. 사전에서도 이 정의를 확인해준다.

---

* 희한하게도, 나는 실패에 대해서 두려워한 적이 없었던 것처럼, 인생에서 성공하려고 생각한 적도 별로 없었다. 나는 성공에 대해 집중해본 적이 없다. 대신 매일 최선을 다하고 사람들이 내게 기대하는 것 이상으로 해낸다면, 나의 미래가 저절로 풀려나갈 것이라고 믿었다.

성공: 대개 부나 지위 등 원하는 것을 획득하거나 순조
롭게 성취하는 행위.

그래서 나는 부, 명성, 권력이 성공의 3대 속성이라는
사실은 인정하지만, **이런 요소들을 정의하는 전통적 방법
은 여전히 인정하지 않는다.** 나는 부를 돈으로 측정해서
는 안 되고, 명성을 대중의 칭찬으로 측정해서도 안 되
며, 권력을 단지 다른 사람에 대한 통제만으로 측정해서
도 안 된다고 믿게 되었다.

사실 금전적 부는 성공을 측정하기에는 너무 천박하
다. 우리가 돈을 성공의 척도로 받아들이면 '돈이 인간의
척도'가 되는데, 이처럼 어리석은 일이 어디 있겠는가?
그러면 부를 어떻게 측정해야 하는가? 훌륭한 인생으로
측정하면 어떤가? 사랑으로 굳게 뭉친 가족은 어떤가?
소명을 다하여 인류나 동료 시민이나 지역 사회나 이웃
에 혜택을 베푸는 사람보다 더 부유한 사람이 어디 있겠
는가?

그렇다고 돈이 중요하지 않다는 말은 아니다. 우리 인
생과 자유를 마음껏 즐길 만큼 많은 돈을 원치 않는 사람
이 우리 가운데 누가 있겠는가? 우리는 빈곤으로부터 안

전하길 바라고, 원하는 직업을 선택하고 싶어 하며, 자녀를 교육할 돈이 필요하고, 안락한 은퇴 생활을 바란다. 그러나 이런 목표를 위해서는 얼마나 많은 부가 필요한가? 우리 사회 최상층이 보유한 막대한 부가 축복이라기보다 재난은 아닌지 의심해봐야 할 것이다.

명성과 권력

명성 역시 성공의 척도로는 적합하지 않다. 그러나 슬프게도 명성 때문에 우리 시대에 거대한 자만심이 쌓이고 있는 것 같다. 명성을 얻으려는 사람들이 스스로 두 가지 질문만 던져보아도 좋을 것이다. 명성을 누구로부터 얻으려는가? 명성이 무슨 쓸모가 있는가? 물론 스포츠 영웅들의 일시적인 명성과 연예인들의 화려한 명성은 절정기에 도달한 인간의 활약상을 우리에게 선사한다. 그러나 빠르게 움직이는 현대 세계에서 앤디 워홀Andy Warhol이 장담했듯이 명성의 불꽃은 15분을 넘기는 경우가 드물다. 물론 실제 업적을 통해서 명성을 얻는 예도 있다. 그러나 자기 과장에 의한 명성, 부당한 명성, 회사에서 부를 뽑아내서 얻은 명성, 비열한 목적에 사용되는 명성도 있다.

나도 인간이므로 때때로 명성에 도취한 적이 있음을 고백한다. 물론 나는 2004년 4월 《타임》을 펼쳐보고 몹시 놀라며 기뻐했다. '세계에 영향을 미친 100대 인물'의 첫 연례 명단에 보노, 넬슨 만델라, 타이거 우즈, 달라이 라마 등과 함께 '영웅과 초상' 그룹에 내가 포함되었던 것이다. 나는 골프 스윙이 뛰어나서 선정된 것도 아니었고, 마음의 평정 때문에 선정된 것도 아니었다. 뱅가드를 세우고 최초의 인덱스펀드를 만들었기 때문에 선정되었다. 나는 이 명예에 무척이나 감사했다.

하지만 나는 뱅가드와 인덱스펀드가 투자자들에게 아무리 많은 부를 안겨주었더라도, 우리 사회에 나보다 더 큰 영향을 미친 사람들은 나머지 99명보다 훨씬 많다고 생각했다. 그리고 거의 인정받지 못하면서도 지역 사회에 긍정적인 영향을 엄청나게 미친 사람은 수백만이나 된다고 생각했다. 사실 우리 사회의 일상 업무에 가장 기여가 큰 사람들 대부분은 인정이나 대중의 인기와 같은 명성을 절대 누리지 못한다.

다음으로 권력을 살펴보자. 회사를 경영하면서 권력을

사용하는 전율을 나만큼 느껴본 사람도 드물 것이다. 권력은 직원이나 회사의 자금에 대해 현명하게 행사할 경우 매우 재미있으며, 업무를 완수하는 전율과 자신감을 느낄 수 있다. 그러나 권력을 독단적으로 변덕스럽게 행사할 경우, 과도한 부수입을 올리기 위해서 행사할 경우, 이기적인 합병과 어리석은 자본 지출에 행사할 경우, 주주와 직원, 더 나아가 사회까지도 손실을 보게 된다.

우리는 가치 있는 목적에 권력을 행사해야 한다. 지성을 위해서, 도덕적 행위를 위해서, 동료들의 기술과 사기를 높이기 위해서, 회사에 헌신하는 높고 낮은 직원들을 존중하기 위해서, 동료를 돕기 위해서 행사해야 한다. 그리고 애덤 스미스의 말대로 '웅장하고 아름다우며 고귀하고, 수고하고 걱정할 가치가 있으며, 산업을 유지하고, 과학과 예술을 발명하고 개선하며, 인간의 생활을 고상하고 아름답게 만드는데' 권력을 행사해야 한다. 이것이 바로 우리가 추구하는 권력이다.

그러면 이렇게 뒤섞인 척도들로 어떻게 성공을 측정해야 하는가? 성공은 돈으로 측정할 수도 없고, 권력의 양으로도 측정할 수 없으며, 덧없는 명성으로 측정할 수도 없다. 그러나 성공은 더 나은 세계를 위한 기여로 측정할 수 있고, 동료를 돕는 일로 측정할 수 있으며, 자녀를 사랑을 베푸는 훌륭한 시민으로 키우는 것으로 측정할 수 있다. 간단히 말해서, 성공은 우리가 획득한 재물이 아니라 사회에 대한 우리의 기여로 측정할 수 있다.

목적이 아니라 수단

나는 기업 경력을 내세우는 경향이 있음을 인정한다. 이기적인 이유도 있고 (기업은 내가 평생을 바친 곳이다) 진정한 신념이기도 하다. 기업은 상품과 서비스를 생산하여 사회가 돌아가게 한다. 그래서 수많은 사람이 안락한 생활을 영위하게 된다. 금융은 자본주의라는 기계에 윤활유를 공급한다. 그리고 기업가 정신은 혁신을 주도하는 중심 세력이다. 게다가 조직의 모든 계층에서 활동하는 기업가들이 미국 자본주의를 주도했으며, 세계가 부러워하는 놀랍도록 부유한 경제를 만들어냈다. 모두 좋은 일이다. 그러나 기업가들이 성공이라는 가짜 토끼를 쫓고 있는지 사회에 대한 기여라는 진짜 토끼를 쫓고 있는지 스스로 물어보는 경우에만 가치가 있는 일이다.

단지 부자가 되거나, 명성을 얻거나, 권력을 휘두르려는 목적이라면, 어떤 경력도 바른 경력이 될 수 없다. 다른 사람들의 기대를 충족시키려는 목적인 경우도 바른 경력이 아니다. 그리고 사회가 비용을 치르게 만든다면 어떤 성공도 바른 성공이라 할 수 없다. 그러면 적절한 척도가 무엇인가? 당신 스스로 예상하고 당신의 재능을 최대한 발휘하라.

특별한 부담감

금융 산업에 종사하는 사람들은 특별한 부담감을 느껴야 한다고 나는 확신한다. 우리 사회에서 돈을 가장 많이 버는 사람들이기 때문이다. 그러나 돈 자체는 우리가 무슨 일을 해야 하고 왜 해야 하는지를 속이는 경우가 많다. 르네 데카르트René Descartes는 무려 4세기 전에 이 사실을 우리에게 일깨워줬다.

"인간은 자신의 돈벌이에 방해가 되는 주장은 도무지 이해하지 못한다."

따라서 우리는 자신이 쫓는 토끼가 진짜인지 확인하는 일에 스스로 도전해야만 한다.

기업가들을 (내가 보기에) 진짜 토끼를 쫓는 사람들과 비교해보라. 의사와 간호사, 교사와 과학자, 조각가와 화가, 역사가와 음악가, 작가와 시인, 법학자와 진정한 공복, 목사와 신부와 랍비 등. 책임감 있고 헌신적인 이런 분들이 존경을 받는 이유는 막대한 재산을 모으기가 불가능하고, 명성을 얻는 경우도 드물며, 쥐꼬리만 한 권력도 없다는 사실을 알면서도 사회에 봉사하기 때문일 것이다.

그러나 토끼를 확인하는 일에 그쳐서도 안 된다. 이 세상의 일을 담당하는 겸손한 사람들에 대해서도 생각하라. 전기 기사와 목수, 군인과 소방관, 배관공과 수리공, 컴퓨터 프로그래머와 열차 승무원, 정원사와 석수, 기술자와 농부 등. 이들은 해 뜰 때 일어나서 불평 한마디 없이 온종일 고된 일을 하고, 이른바 성공이라는 보상을 받는 경우도 드물지만, 이런 분들이 없으면 우리 사회는 제대로 돌아가지 않을 것이다. 그러나 이런 분들은 자신이 쫓는 토끼가 진짜인지 확인할 필요가 전혀 없다. 당연히 진짜 토끼이기 때문이다!

항상 우리에게 영감을 주는 헬렌 켈러는 이렇게 썼다.

> 나는 위대하고 고귀한 일을 정말로 하고 싶습니다. 그러
> 나 나는 하찮은 일이라도 마치 위대하고 고귀한 일인 것
> 처럼 성취해야 합니다. 이 세상은 영웅들의 노력뿐 아니
> 라, 정직한 일꾼들의 작은 노력이 모여서 굴러가기 때문
> 입니다. [2]

우드로 윌슨 대통령은 이 말을 더 유려하게 표현했다.

> 미국의 보배는 지금 대기업을 통제하는 사람들의 두뇌
> 가 아니라 … 이름 없는 사람들의 발명과 창작과 야망이
> 다. 모든 나라는 권력을 장악한 유명하고 강력한 계층이
> 아니라 이름 없는 계층에 의해서 새로워진다. [3]

무엇을 위한 경쟁인가

인생을 살다 보면 새로운 도전이 등장하듯이 오늘날 풍
요로운 미국 생활에도 도전이 등장하고 있다. 우리나라

는 특권의식, 경제력, 군사력 때문에 세계로부터 감탄, 질시, 증오의 대상이 되었다. 지금 젊은이들이 사는 세상은 내가 젊은이였던 60년 전의 순박한 세상에 비해 훨씬 살기가 빡빡해졌다. 고등학생들은 이른바 일류 대학에 진학하려고 공부, 스포츠, 과외활동을 2배, 3배씩 하고 있다. 일단 대학에 진학하면 일류 대학원에 들어가려고 학점에 매달리게 되며, 이후에도 경쟁은 계속 이어진다.

어느 정도까지는 괜찮다. 경쟁도 인생의 일부니까. 그러나 다시 묻겠는데, 무엇을 위한 경쟁인가? 배움보다도 점수 때문인가? 내용보다도 형식 때문인가? 덕보다도 명성 때문인가? 모호성보다도 확실성 때문인가? 자신의 별 대신 남의 별을 따라가기 때문인가? 당신에게 명예와 인격이 부족하다면 이 모든 것이 무슨 의미가 있는가? 또 문제가 있다. 가장 똑똑하고 유능한 인재들이 성공이라는 가짜 토끼를 쫓아가는 훈련은 최고로 받았지만, 진정한 성공을 가져다주는 덕에 대해서는 제대로 훈련받지 못했기 때문이다.

"인격과 용기가 없으면 남는 것이 없다."

2004년 11월 《뉴욕타임스》에 데이비드 브룩스가 다음과 같이 멋진 글을 썼다.

> 고학력 젊은이들이 인생의 모든 면에 대해 교육받고 있지만, 가장 중요한 면이 빠져 있다. 그것은 인격 함양이다. 그러나 인격과 용기가 없으면, 남는 것이 없다.[4]

인격 함양이 가르쳐서 되는 일이 아니라면, 어떻게 배워야 하는가? 오늘날 풍요로운 세계에서 인격은 손쉽게 함양되지 않는다. 인격 함양에는 실패가 필요하다. 역경도 필요하다. 명상도 필요하며, 결단과 확고부동함도 필요하다. 개인만의 공간도 필요하다. 그리고 명예도 확실히 필요하다. 영감을 주는 더없이 소중한 원천이 바로 코앞에 있는데도, 우리는 인격을 강조하는 경우가 드물다. 사실 어려운 과제는 영감의 원천을 찾아내는 일이 아니라 가장 좋은 내용을 가려내는 일이다. 예를 들어 구약성경에는 **인격**이라는 단어가 나오지는 않지만, 인격을 다음과 같이 아름답게 묘사한다.

• 사람이 무엇이관데 주께서 저를 생각하시며, 인자가

무엇이관데 주께서 저를 권고하시나이까? (시편 8:4)

- 여호와를 경외하는 것은 지혜의 훈계라, 겸손은 존귀의 앞잡이니라. (잠언 15:33)
- 겸손과 여호와를 경외함의 보응은 재물과 영광과 생명이니라. (잠언 22:4)
- 의와 인자를 따라 구하는 자는 생명과 의와 영광을 얻느니라. (잠언 21:21)

신약성경 역시 풍부한 원천이다. 예를 들어 사도 바울의 경고를 떠올려보자.

부하려 하는 자들은 시험과 올무와 여러 가지 어리석고 해로운 정욕에 떨어지나니 곧 사람으로 침륜과 멸망에 빠지게 하는 것이라. 돈을 사랑함이 일만 악의 뿌리가 되나니. (디모데전서 6:9~10)

아니면 누가가 부자들에게 한 요구를 보자. (넓게 보면 오늘날 미국 사람들 대부분이 여기에 해당한다)

무릇 많이 받은 자에게는 많이 찾을 것이요, 많이 맡은

자에게는 많이 달라 할 것이니라. (누가복음 12:48)

윌리엄 셰익스피어도 『햄릿』에서 같은 내용을 매우 아름답게 요약했다. 폴로니우스Polonius는 프랑스로 떠나는 젊은 아들 라에르테스Laertes에게 깊은 뜻이 담긴 충고를 한다.

무엇보다도, 너 자신에게 진실해라.
그러면 낮 뒤에 밤이 오듯
남에게 거짓될 일이 없을 것이다.

따라서 당신 자신에게 진실해야 한다. 당신 본연의 모습이 돼라. 현재 당신 모습이 원하는 모습이 아니라면, 스스로 더 나은 사람이 돼라. 나이가 16세든, 60세든, 아니면 나처럼 90을 바라보든, 심지어 그 이상이든, 당신은 얼마든지 해낼 수 있다!

크래덕 박사가 만난 늙은 그레이하운드처럼, 나이가 들면 몸은 둔해지겠지만 토끼를 알아보는 눈은 예리해질 것이다. 요는 우리 모두 자신의 마음과 영혼 속에 정직의 표본이 될 능력을 갖추고 있다. 즉, '높은 인격, 고귀한 마음, 비열함에 대한 경멸, 옳고 그름을 가려내는 섬세한 감각, 덕을 존중하는 마음'을 갖고 있다.

우리가 쫓는 토끼가 진짜일까

사람들 대부분은 자신이 쫓는 토끼가 진짜인지 가짜인지 긴 시간 고민할 필요가 없다. 판단할 근거가 주변에 널려 있기 때문이다. 그런데도 열심히 일하면서 훌륭한 인생을 살아온 사람들이 조용한 아침에 홀로 이런 고민을 하는 경우가 많다. 그러나 (부모를 잘 만났든, 유전 인자가 훌륭하든, 재능이나 운이나 결단력 덕분이든) 남들이 성공이라고 생각할 만큼 큰 재물을 모은 사람이라면, 누구나 예외 없이 이런 고민을 해야 한다. (나도 내 인생과 경력에 대해 홀로 고민할 때가 많다고 말하면 당신이 놀랄지 모르겠다) 우리가 사회에 가치를 창출하도록 경력을 추구한다면, 우리는 더 나은 인간이 될 것이고 더 위대한 일을 성취할 것이다. 물론 재물은 목적이 아니라 부산물이 되어야 한다. 이 경우 가장 좋은 점은 이런 노력을 지속하는 과정에서 우리가 인격을 함양하게 된다는 사실이다.

우리는 모두 똑같은 인간이다. 고귀한 임무를 수행하는 사람이든, 세상의 궂은일을 담당하는 이름 없는 영웅이든, 운 좋게 보수 높은 직장에서 큰돈을 번 사람이든 모두 마찬가지이다. 따라서 토끼를 쫓아다니다가 마침내 가짜임을 깨닫게 되거나 실망해서 일을 그만둔 그레이하운드처럼 되지 말고, 인생에서 반드시 진짜 토끼를 쫓으면서 타인에 대한 봉사에 최선을 다해야 한다.

일단 진짜 토끼임을 확인한 뒤에는 달리고, 달리고, 계속 달리면서 긴 인생을 가치 있게 살자. 우리는 흔히 재물, 명성, 권력을 기준으로 성공을 떠받든다. 그러나 더 고상한 기준, 한 마디로 인격을 기준으로 성공을 떠받드는 경우는 드물다. 인격은 결코 남아도는 법이 없다. 우리는 모두 인격을 국가의 최우선 과제로 삼는 일에 동참해야 한다. 우리는 할 수 있다. 이 고귀한 과업을 우리 스스로 해낼 수 있다.

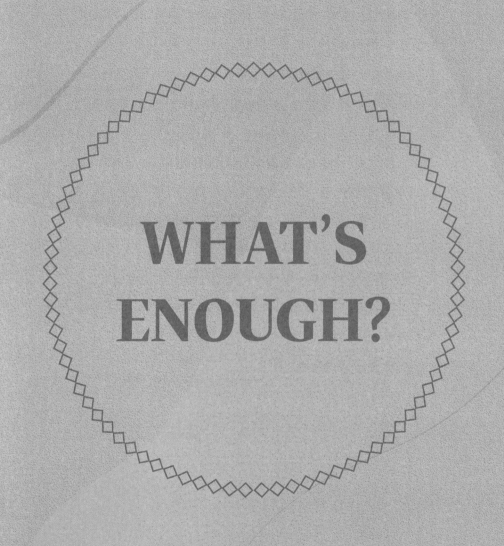

WHAT'S ENOUGH?

PART IV

무엇이
충분한가

나에게,
당신에게,
국가에,
어느 정도면 충분한가

이 책을 읽으면서 '존 보글에게는 어느 정도면 충분할까?'라는 생각이 들었는지도 모르겠다. 당신에게는 어느 정도면 충분한가? 그리고 우리 사회에는 어느 정도면 충분할까?

　파티를 연 억만장자에 대해 조지프 헬러가 남긴 한 마디는 어느 정도가 충분한지를 분명히 보여주었다. 하지만 이제 당신도 알다시피, 나는 충분하다는 개념을 돈을 넘어서서 사업 시스템과 인생에도 적용했다. 이제 나와 당신과 국가의 부에 관해 이야기를 시작하기 전에 행복과 성공 사이의 관계에 대해서 조금 더 깊이 생각해보자.

알베르트 아인슈타인은 둘의 관계를 정확하게 지적했다.

"성공은 행복의 열쇠가 아니다. 행복이 성공의 열쇠다."

솔직히 말해서 거의 모든 사람이 행복의 개념을 매우 잘 알고 있으며, 인생에서 우리가 행복을 얼마나 많이 발견했는지 잘 알고 있다. 그리고 정도의 차이는 있겠지만, 우리 모두 기쁨과 슬픔, 즐거움과 고통, 빛나는 환희와 깊은 실망을 다 경험해보았다. 그래서 거의 모든 경우 우리는 '이것 또한 지나가리라.'라고 깨닫게 되었다. 우리는 이런 식으로 살아간다. 대개 인간은 오뚝이처럼 다시 일어선다.

심리학자들은 행복을 결정하는 3대 요소를 매우 정확하게 설명했다. 돈도 행복을 제공하기는 하지만, 우리는 물질적 풍요에 곧 익숙해지므로 돈은 일시적인 행복만을 제공하는 것으로 밝혀졌다. 《아메리칸 사이콜로지스트American Psychologist》에 실린 권위 있는 논문에 따르면, 행복을 결정하는 요소는 돈이 아니라 다음 세 가지 요소의 조합이다.[1] (1) 자율성. 우리 인생을 스스로 통제할 수 있는 능력을 말한다. (2) 관계 유지. 가족에 대한 사랑, 친구 및 동료와의 우정을 포함해서 우리가 만나는 온갖 계층의 사람들과 개방적 관계를 맺는 능력이다. (3) 능력 발휘. 조물주가 부여한 재능과 자신이 개발한 역량을 힘껏 발휘하는 것이다. 슬프게도 이런 특성을 개발할 수 없거나 개발할 기회가 없었던 불운한 사람도 있다. 그러나 다행히 거의 모든 사람은 정도의 차이는 있겠지만 이런 특성을 보유하고 있으며, 이 축복을 마음껏 즐기고 있다.

이제 인생에서 행복이 무엇인지 살펴보았으므로, 다음에는 돈이 어느 정도면 충분한지 알아보자.

나는 얼마면 충분한가

이제 57년째 직장생활을 하는 내가 얼마면 충분한지에 대해 털어놓겠다. 나는 운 좋게도 충분하게 (사실은 충분한 것 이상으로) 벌었다. 아내에게 장래의 안락한 생활을 보장할 수 있고, 여섯 자녀에게 얼마간 재산을 물려줄 수 있으며 (원하는 것을 할 정도는 되지만, 놀고먹을 정도는 안 된다) 열두 증손에게 적으나마 얼마간 남겨줄 수 있고, 끝으로 내가 몇 년 전 세운 아담한 재단에 적지 않은 금액을 보낼 수 있다. 내가 금전적 축복을 불운한 사람들과 나누기로 한 것은 우리나라에서 성공한 사람은 누구나 받은 것을 일부 돌려줌으로써 자신이 얻은 행운에 감사해야 한다고 확신하기 때문이다.

나는 지난 20년 동안 수입의 절반을 다양한 사회사업에 기부했는데도 이렇게 많은 재산을 모을 수 있었다. 나는 이런 기여를 자선이라고 생각하지 않는다. 내가 평생진 엄청난 빚을 갚으려는 노력이라고 생각한다. 나는 우리 가족이 다니는 교회에서 영적인 힘을 얻었고, 심장병으로 투병하는 50년 동안 병원의 수호천사들은 나를 보살펴주었으며, 필라델피아의 지역 사회는 유나이티드웨이United Way라는 비영리단체를 통해 나를 도와주었다.

나는 사회단체에서도 활동했다. 그 대표적인 기관이 국립헌법센터National Constitution Center였는데, 이 기관의 목적은 미국 헌법의 가치를 다시 미국 생활의 주류로 돌려놓는 것이다. 나는 의장을 맡은 8년을 포함해서 20년 동안 이 기관에 봉사했으며, 2003년 개관업무를 담당한 사실에 긍지를 느낀다.

나는 내 성년 생활과 직장 경력에 길을 열어준 교육기

관에 대해서도 최선을 다해 후원했다. 블레어 아카데미는 내게 공부 훈련을 시켜주었고 수학, 역사, 과학, 영어에 눈을 뜨게 해주었으며, 기회의 문을 열어주었다. 프린스턴 대학교는 나의 정신과 인격을 연마해주었고, 건국의 아버지들과 18세기 가치는 물론, 서구 계몽 시대(사상가, 작가, 음악가, 예술가)를 제대로 인식하고 높이 존경하게 해주었다.

세상일은 '뿌린 대로 거두는 법'이다. 나의 가장 큰 기쁨은 블레어 아카데미와 프린스턴 대학교의 우수한 학생들에게 '보글 형제 장학금'을 수여하는 일이었다. 나는 오래전 내 수입이 비용을 멋지게 넘어서는 시점 이후 계속해서 장학 사업을 진행하고 있다.

나는 두 기관에서 장학금을 받았으므로 우리 형제처럼 돈이 필요한 학생들에게 장학금을 지급함으로써 내가 받은 혜택에 보답할 의무가 있다고 생각했다. (우리 형편이 얼마나 어려웠는지는 블레어 아카데미 교장 브리드 박사와 우리 아버지 사이에 오간 서신에 나타난다. 브리드 박사는 아버지에게 우리의 학비 100달러를 내야 한다고 편지를 보냈다. 아버지는 "미안합니다. 100달러가 없습니다."라고 답장했다. 학비 문제는 그냥 이렇게 넘어갔다.) 지금까지 블레어 아카데미

학생 128명과 프린스턴 대학교 학생 110명이 보글 형제 장학금을 받았다.

이렇게 뛰어난 남녀 학생들을 많이 만나는 것은 일생일대의 전율이었으며, 이들의 학업 성취를 내가 대신해서 즐겼다. 이 훌륭한 시민들은 미국 사회뿐 아니라 세계 사회에 대해서도 봉사하려고 이미 결심했거나 조만간 결심할 것이다. 활발하게 움직이는 젊은 세대를 바라보면 나의 나라에 대한 확신과 장래에 대한 희망이 하늘 높이 솟아오른다.

이제 내 금융 자산에 대해서 말하겠다.《포브스》의 400대 부자 명단에 오른 인물 가운데 87명이 금융 부문에서 돈을 번 사람들이다. 이들은 사업, 투기, 근면, 행운 등으로 부자가 되었다. 으레 그렇듯이 자산운용사 설립자와 그 후계자들은 정말로 엄청난 재산을 모았다. 400대 부자 명단의 최하 순위 금융계 인사의 재산은 13억 달러로 추산되며, 최고 순위 금융계 인사(피델리티의 존슨 가문)의 재산은 약 150억 달러로 추산된다.

나는 이런 10억 달러 그룹에 끼어본 적이 한 번도 없다. 심지어 1억 달러 그룹에도 끼지 못했다. 왜 끼지 못했는가? 내가 뱅가드를 설립할 때 보상의 제일 큰 몫이 펀드 투자자들에게 돌아가도록 회사 구조를 만들었기 때문이다. 실제로 다른 펀드 회사와 비교할 경우, 우리 회사가 투자자들에게 절감해준 돈의 누적 규모는 곧 1,000억 달러를 넘어갈 것이다.

이렇게 절감액이 커진 이유는 우리 회사가 '비용' 중심으로 운영되기 때문이다. 그 결과 내가 아니라 펀드 투자자들 소유인 자산운용회사 뱅가드는 본질적으로 순이익이 제로가 된다. 하지만 앞에서 설명한 파트너 계획에 따라 나는 후하게 보상받았다.* 그 기준은 펀드 자산의 엄청난 성장, 펀드가 올린 우수한 수익률, 투자자들의 비용 절감이었다.

펀드 산업의 다른 회사 대표들과 비교할 경우, 나는 금전적 보상 면에서 실패자인 셈이다. (다른 대표들은 나보다 훨씬 부자가 되었다는 사실에 즐거워할 것이다!) 사람들은 이

---

* 모두 공개하겠다. 나는 일부 보상의 수령 시점을 뒤로 연기했는데, 이는 대부분 회사의 고위 임원들 사이에 널리 퍼진 관행이다. 이연된 보상에 대해서는 과세도 이연되지만, 인출되는 시점에는 최종 자산 가치에 대해 모두 과세된다. (내 이연 보상은 현행 이율로 이자가 가산되지만, 무려 연 13%나 되는 높은 이율로 이자가 가산되는 이연 보상도 있다!) 이연 보상의 규모를 적정 수준으로 제한하고, 가산 이율을 시장 금리 수준으로 한정하는 개혁이 필요하다.

실패가 의도적이었다고 말할 수도 있다. (그러나 나는 우리 회사가 이렇게 커지리라고는 전혀 예상하지 못했으며, 회사 구조를 고객 중심적으로 만들면 내가 얼마나 많은 돈을 포기하게 되는지도 전혀 알지 못했다)

그렇더라도 나는 세 가지 이유에서 만족하며 감사한다. 첫째, 나는 태어나서부터 소비 대신 절약을 하도록 배우면서 자랐다. 나는 결코 사치하는 법이 없으며, 꼭 필요하지 않은 곳에 돈을 쓸 때는 지금도 마음이 아프다. 하지만 나는 이 규칙을 주기적으로 깬다는 점을 밝혀둔다. 예를 들어, 나는 국기 그림이라면 사족을 못 쓰는 경향이 있어서, 주로 재스퍼 존스Jasper Johns나 차일드 하삼 Childe Hassam의 고전 작품의 모조품을 구입하는 데 거금을 지출했다. 그러나 내가 기억하기로는 오랜 직장생활을 하면서 내가 번 돈보다 많이 지출한 해는 한 번도 없었다.

둘째, 1951년 직장생활을 시작한 이래 계속해서 확정기여형defined-contribution 퇴직연금을 유지했다. 처음에는 웰링턴 자산운용에서 납입했고, 뱅가드로 옮긴 뒤에도 계속 불입했으며, 오늘날까지도 계속 투자하고 있다. 웰링턴 자산운용에서 처음 퇴직연금을 납입한 때는 1951

년 7월이었는데, 금액은 나의 첫 월급 250달러의 15%인 37.50달러였다. 이후 나는 보상의 15%를 퇴직연금에 계속 투자했다. (내 자산은 1980년대 말부터 1990년대 중반 기간에 크게 불어났다. 이후 회사가 납입액의 일정 비율을 지원하는 제도thrift plan도 추가되었다.)

뱅가드의 대표 자리에서 물러난 뒤에도 나는 회사에서 받는 급여의 15%를 계속 저축하고 있다. 나는 아직 은퇴하지 않았으므로 연금을 받을 필요가 없다. 내 경험은 과세가 이연되는 퇴직연금에 장기간 건전하게 투자하면 얼마나 큰 재산을 모을 수 있는지 보여주는 살아 있는 증거이다. 나의 퇴직연금은 우리 가족의 재산목록 가운데 단연 가장 큰 항목이다. 정확한 금액은 밝힐 생각이 없지만, 그 현재가치는 굉장한 수준이다.

셋째, 나는 현명하게 투자했다. 처음 웰링턴 자산운용에서 일할 때나 이후 뱅가드에 근무할 때나, 투기를 삼가고 보수적으로 운용되는 저비용 펀드(당신이 짐작하는 펀드다!)에만 집중적으로 투자했다. 직장생활 초기에는 웰링턴 펀드에 투자했고 (현재까지도 여전히 보유하고 있다) 이후 직장생활의 대부분 기간에는 주로 뱅가드 주식형 펀드에 투자했다. 1999년 말 주가가 투기적 수준까지 상승한 점이 걱정되어서 나는 주식 비중을 자산의 35%로 낮추었고 채권 비중을 65%로 높였다. 주식과 채권시장이 오르내림에 따라 이 비중이 다소 움직이기는 했지만, 나는 이후 자산 배분을 한 번도 바꾼 적이 없다. 요즘처럼 시장이 출렁거릴 때도, 나는 펀드의 시장가치를 들여다보려는 유혹을 최선을 다해 물리치고 있다. (이런 원칙이 우리 모두에게 유리하다!)

따라서 나는 정말이지 많은 축복을 받았다. 스코틀랜드의 절약 정신을 물려받았고, 푸짐한 보상을 받았으며, 매년 돈이 남는 대로 저축을 했다. 세금 없이 늘어나는 복리의 마법 덕을 보았고, 투자에는 비용이 대단히 중요하다는 사실을 알고 있었으며, 상식을 발휘하여 자산 배분의 균형을 계속 유지했다. 나는 이런 이야기를 끝없이 반복했다. 이제 내가 몸소 이 방법을 실천했으므로, 이 방법이 옳다고 장담할 수 있다. 이 방법은 확실히 효과가 있다!

당신은 얼마면 충분한가

중용의 덕을 실천하는 사람은 오두막의 가난과 궁궐의
시기를 모두 피할 수 있다.

이것은 2,000년 전에 로마의 시인 호라티우스Horace가
주장한 기준이지만, 오늘날에도 여전히 타당한 기준이
다. 재산으로 보면 나는 분명 상위 계층에 속하겠지만 (사
회 전체로 보면 미국 시민 가운데 상위 부유층에 속할 것이다)
나 역시 중용의 길을 따르려고 노력하고 있다.

나는 이 책을 읽는 독자 거의 모두가 호라티우스가 설
명한 중용을 따르리라 확신한다. 그동안 나는 뱅가드 고
객을 수천 명이나 접해보았는데 (천 명이 넘는 고객들로부
터 편지와 이메일을 받았다) 대부분 자신의 필요와 욕구를
충족할 만큼 재산을 모았다고 확신하고 있었다. 성공투
자에 대한 나의 소박한 비전이 이런 결과를 낳았다는 사
실에 나는 말할 수 없이 기뻤다.

존 록펠러는 얼마면 충분하냐는 질문을 받자, "조금
만 더 있으면 충분하다."라고 대답했다. 그러나 우리 대
부분은 필요한 것보다 1달러만 더 있어도 충분하다. 이
것은 매우 바람직한 사고방식이다. 하지만 문제는 이렇
게 단순하지가 않다. 『절약 정신이 어떻게 되었는가?What

Happened to Thrift?』라는 책의 서평에서, 《월스트리트저널》은 '미국인들의 재산은 충분한가?'라는 최근 질문에 대해 '충분'의 의미에 따라 달라진다고 현명하게 대답했다.[2]

"우리 자신을 위해서 충분한가? 우리 이웃을 위해서 충분한가? 우리 손자를 위해서 충분한가? 우리 이웃의 손자들과 그 손자들의 이웃을 위해서 충분한가? … "

그 글은 '어떤 기준으로 보더라도 우리 저축은 너무 적다'고 결론짓는다. 물론 우리 모두에게 (일찍부터, 자주, 규칙적으로) 저축하는 것이 재산을 모으는 열쇠이다. 답은 더할 수 없이 간단하다.

저축을 늘리는 확실한 방법 또 한 가지는 사회보장 수혜금 수령 시점을 최대한 연기하는 것이다. (2008년 현재 결혼한 부부의 최대 연 수혜금은 62세에 수령을 개시할 경우 약 2만 8,800달러다. 규정상 최대한 늦춰서 70세부터 수령할 경우에는 4만 7,700달러가 된다.) 이미 들어보았겠지만, 또 다른 방법은 투기 대신 투자를 하는 것이다. 항상 투자에 들어가는 비용을 관리하라. 《월스트리트저널》의 서평조차 두 가지 교훈을 인용했다.

교훈: 저비용 펀드를 고수하라.

더 큰 교훈: 아주 단순한 원칙 몇 가지만 지키면 우리 모두 현명하게 투자할 수 있다.

투자로 미래를 설계할 때 주식과 채권의 명목 총수익률에만 집중한다면 이는 어리석은 짓이다. 예상되는 비용을 제외하고 순이익만을 계산하라. 이어서 그 수익률조차 인플레이션 때문에 줄어든다고 가정하라. (인플레이션을 가정하라. 2.5%? 3.5%? 4.5%? 그 이상?) 성취 가능한 수준을 합리적으로 예상해서 현실적인 목표를 수립하라. 재산을 모으는 요령 수십 가지를 더 설명할 수도 있지만, 이미 다음 책에서 설명한 내용들이다.

『존 보글 투자의 정석Bogle on Mutual Funds, 1993』

『성공하는 투자전략 인덱스펀드Common Sense on Mutual Funds, 1999』

『모든 주식을 소유하라The Little Book of Common Sense Investing, 2007』

국가는 얼마면 충분한가

여러분 대부분은 십중팔구 적정 생활 수준을 유지할 만큼 재산을 모았거나, 충분한 금융상식 덕분에 은퇴 시점에 이르면 충분한 재산을 모으게 될 것이다. 그러나 재산이 충분하지도 않고 수준 높은 생활의 기회도 전혀 없는 수백만 동료 시민들의 곤경에 대해 나는 양심상 언급하지 않을 수가 없다.

사회 전반에 걸쳐 부자는 갈수록 더 부유해지고 있지만, 비참할 정도로 가난한 상태에서 벗어나지 못하는 미국 시민도 많다. 예를 들어 《뉴욕타임스》의 최근 조사에 따르면, 2006년에 맨해튼 거주자 상위 5%의 소득이 50만 달러를 넘어섰고, 상위 20%의 소득이 30만 달러를 넘어섰다.[3] 그러나 하위 20%에 해당하는 육체노동자들은 평균 8,855달러를 집에 가져갔을 뿐이다. 한번 생각해보라!

나는 '이 적나라한 금융 양극화'라고 표현한 《뉴욕타임스》 칼럼니스트 데이비드 브룩스의 우려에 대해 공감한다.[4]

한편에는 투자 계층이 있다. 이들에게는 재무설계사도 여럿 있을 뿐 아니라 과세이연 저축계좌도 있다. 다른 한편에는 복권 계층이 있다. 이들은 퇴직연금을 들기도 어렵고 재무설계사를 만나기도 어려우며 현금서비스, 카드, 복권에 의지하기 쉽다. … 금융규제 완화 덕분에 고학력 계층에게는 기회가 더 많아졌지만, 가장 취약한 계층에게는 유혹과 혼란이 더 많아졌다. 사회규범은 우리의 행동을 이끄는 보이지 않는 발판이지만, 이미 타락해버렸다. 지난 몇 년 동안 환경보호와 흡연에 대한 사회적 인식은 높아졌다. 그러나 돈과 부채에 대한 사회적 인식은 오히려 낮아졌다.

데이비드 브룩스가 표현한 투자계층에 속하는 우리는 자신의 행운과 검약에 대해 긍지를 느낄 수 있다. 그러나 우리는 미국 문화의 커다란 혜택을 받으며 번창하고 있지만, 이런 혜택을 받지 못하는 시민도 많다는 사실을 명심해야 한다. 독립선언문은 다음과 같이 말한다.

"인간은 모두 평등하게 창조되었고, 창조주로부터 양도할 수 없는 권리를 부여받았으며, 여기에는 생명, 자유, 행복을 추구할 권리가 포함된다."

우리는 평등하게 창조되었지만, 태어나자마자 (가족, 교육, 기회 면에서) 불평등한 사회에서 살아간다. 그러나 헌법이 요구하는 것은 그 이상이다.

"우리 국민은 더 완벽한 조합을 구성하고, 정의를 확립하며, 나라의 평온을 확보하고 … 국민 전체의 복지를 증진하며, 우리 자신과 후세를 위해 자유의 축복을 지켜야 한다."

이러한 책임, 특히 더 완벽한 조합, 모두를 위한 정의, 나라의 평온, 국민 전체의 복지 등은 말로 끝나지 않는다. 이들은 우리 세대가 해결해야 할 과제이다.

물론 미국은 측정할 수 있는 것들을 매우 충분히 확보하고 있다! 세계 인구의 4%를 차지하고, 세계 생산량의 21%를 생산하며, 세계 생산량의 25%를 소비하고, 세계 소득의 26%를 벌어들인다. 우리의 부는 우리의 군사력만큼이나 비길 데 없이 크다. 비록 먼 나라에서 벌이는 전쟁 때문에 우리 국고가 엄청나게 축나고 있긴 하지만 말이다. 우리는 여전히 수입이 수출보다 월등히 많으므로, 그 결과 우리의 국가 저축률은 마이너스 상태이다. (정부 계산으로는 제로 수준이다) 세계 통화시장에서 미국 달러가 약세를 보이는 현상은 미래에 대해 불길한 조짐이다.

게다가 현재 연 3% 수준인 우리의 실질 경제성장률은 신흥 거인국인 중국(9%)과 인도(6%)보다 크게 뒤진다. 경제 규모가 작은 단계에서 나타나는 높은 성장률이 무한정 지속할 수는 없지만, 세계 경제와 금융시장에 대한 우리의 지배도 영원히 지속할 수는 없다.

미국이 매우 충분하게 보유한 것처럼 보일지 몰라도 이책에서도 분석했듯이 전통적 가치는 타락하고 있으며, 머지않아 이 가치가 부족해질 것이다. 따라서 장기적으로 나라의 핵심을 형성하는 것이 물질도, 권력도, 돈도 아니라는 사실을 절대 잊지 말자. 그것은 가치이다. 그것은 사회에 적용되는 가치이며, 개인에 대해서 말하자면 끈기, 결단력, 도덕적 기준, 덕이다. 간단히 말해서 미국이 세계에서 지위와 권력을 유지하고 강화하는 데 필요한 것은 많은 돈이 아니라 충분한 인격, 가치, 덕이다.[*]

---

[*] 빌 클린턴 전 대통령이 이런 생각을 잘 표현했다. "미국의 힘보다는 모범적 행위가 세계 시민들에게 항상 더 깊은 인상을 심어주었다."

헨리 루이 멩켄Henry Louis Mencken은 말했다.

"돈이 가치를 유지하는 주된 이유는 우리가 돈이 과대
평가된 세상에서 살고 있기 때문이다."

(이것은 그가 60년 전에 한 말인데, 오늘날 같으면 어떻게 말
할지 상상해보라) 그래서 나는 당신에게 이런 메시지를 전
하고자 한다. 셀 수 있고 무게를 잴 수 있고 소비할 수 있
는 것으로는 결코 충분해질 수가 없다. 생존이라는 큰 그
림 속에서 '충분'의 뜻을 이해하려면, 셀 수 없는 것 가운
데 인생에 중요한 요소가 많다는 사실을 반드시 명심해
야 한다.

돈이 전부가 아니라는 생각을 하게 되면 이 책의 앞에
서 소개했던 소설가 커트 보니것의 이야기가 다시 떠오
른다. 이 이야기의 출처를 추적해보니 2005년 《뉴요커》
에 실린 시였다. 내용도 유쾌한 데다가 짧고 강한 시였
다.

실화임을 명예를 걸고 맹세한다.
익살맞은 중진 작가 고故 조지프 헬러와 나는,
억만장자의 셸터 아일랜드 파티에 참석했다네.

나는 말했지. "조, 파티 주인이 어제 하루 번 돈이
자네가 소설 『캐치-22』로 평생 모은 돈보다 많다는데,
기분이 어떤가?
조는 대답했네. "내게는 그가 꿈도 못 꿀 생각이 있어."
나는 물었지. "도대체 그게 뭔데?"
조는 말했네. "나는 충분히 가졌다는 생각이라네."
멋진 생각이다. 고이 잠드소서![5]

2007년 초 천국으로 간 헬러와 보니것 두 사람 다 고이
잠들기 바란다. 이 두 사람은 인생에서 수많은 아이러니
를 포착하고 부풀어 오른 이기심에 구멍을 내면서, 세상
에 많은 웃음을 선사했다. 그러나 우리는 고이 잠들어서
는 안 된다. 세상에는 우리가 할 일이 너무도 많지만, 결
단력과 용기와 지혜와 이상을 갖춘 사람들은 절대 충분
하지 않기 때문이다.

하지만 우리 세상에 증오, 총, 낡은 정치, 오만, 기만,
이기심, 속물근성, 천박함, 전쟁, 신이 자기편이라는 확
신은 너무도 충분하다. 그러나 사랑, 양심, 관용, 이상주
의, 정의, 동정이 충분했던 적은 한 번도 없었고, 지혜,
겸손, 자기희생, 정직, 예의, 시적 감흥, 웃음, 물질적 정

신적 관용 역시 충분했던 적이 없다. 이 책에서 달리 기억할 것이 없더라도 이 말만은 명심하기 바란다. 인생이라는 위대한 게임에서 돈은 중요한 것이 아니다. 우리 자신과 사회와 국가와 세계를 새로 세우는 전쟁에 참여해서 최선을 다하는 것이 중요하다.

나의 짜릿한 인생 역정

이 책을 마치기 전에 다음의 시 인용문을 소개하고자 한다. 직장생활을 마감하던 시기에 이 시를 처음 읽었는데 (1949년 《포천》에 실린 미국 기업의 도덕성에 관한 기사와 마찬가지로) 바로 나를 위해서 쓴 글처럼 느껴졌다. 이 시는 알프레드 테니슨 경의 〈율리시스Ulysses〉인데, 모험가의 놀라운 여행을 묘사하고 있다. 내가 즐긴 짜릿한 모험, 상충하는 감정, 한결같은 결단, 그리고 가슴 졸이며 기다리는 내 인생의 마지막 장에 대해 이 시가 나 자신의 말보다 더 잘 설명해주기를 희망한다.

이 시는 율리시스가 자신의 긴 여행을 회고하는 장면에서 시작된다.

나는 죽어도 모험을 그만둘 수는 없도다,

내 삶의 마지막 찌꺼기라도 다 마셔버리겠도다.

나는 즐거움도 고통도 마음껏 즐겨본 사람,

때로는 나를 따르는 부하들과 함께, 때로는 혼자서 해변에서

폭풍우가 몰아쳐 캄캄한 바다를 성나게 만들었을 때

자연히 내 이름은 사해四海에 떨치게 되었도다,

채워질 줄 모르는 호기심으로 세상을 떠돌다 보니

보기도 많이 보았고, 배우기도 많이 배웠도다 –

신기한 사람들이 사는 도시들, 이상한 풍속, 기후, 정치제도,

어디에서나 항상 귀빈으로 대접받았도다 – 바람 휘몰아치는

트로이 평원에서도 나는 동료들과 함께 전쟁을 만끽했도다.

나는 그 모든 경험의 한 부분.

이제 그는 자신의 미래를 생각한다.

일하지 않고 쉰다는 것, 정지한다는 것, 얼마나 지루한 일인가!

쓰지 않아 녹슬고 빛을 잃는다는 것, 얼마나 지루한 일인가!

숨만 쉰다면 그것이 사는 것인가,

남보다 몇 배의 삶을 살아도 부족하다 하겠는데,

이제는 나 하나의 생애마저 남은 것이 얼마 없구나.

그러나 한 시간 한 시간은 영원한 정적에서 구해낼 수 있는 것,

정적만이 아닌 새로운 것을 가져오는 것.

삼 년 이상이나 되는 긴 세월을,

늙었지만 언제나 마지막 넘어가는 별처럼,

인간 사유思惟의 마지막 한계를 넘어,

　…

너희들도 나도 이젠 늙었도다.

하지만 우리에게도 할 일과 명예는 있는 것.

죽으면 만사가 끝이로다, 그러나 그 종말이 오기 전에

해야만 될 보람된 일이 기다리고 있도다.

이어서 마지막 모험을 떠나기로 한 율리시스는 부하들을 불러

모은다.

자, 동지들이여! 떠나자!

더 늦기 전에 새로운 세계를 찾으러.

배를 밀어내어라, 순서대로 앉아 파도를 가르자.

내가 가는 곳은 해가 지는 곳, 서녘의 별들이 목욕하는 곳,

그곳으로 죽을 때까지 가겠노라.

　…

비록 잃은 것이 많더라도 남아 있는 것도 적지 않도다.

비록 우리의 힘이 옛날처럼 하늘과 땅을 뒤흔들 수는 없더라도,

그래도 우리는 우리이다, 모두 하나같이

영웅의 기개를 가진 우리는, 우리는—

시간과 운명에 어쩔 수 없이 약해졌다 하여도,

강력한 의지로 싸우고, 추구하고, 발견하고, 절대 굴복하지

않겠도다.[6]

"강력한 의지로 싸우고, 추구하고, 발견하고, 절대 굴복하지 않겠도다."

이것이 내가 평생을 바친 길이다. 나는 분명히 넘치는 축복을 받았다. 충분한 재산, 훌륭한 가족과 친구들을 얻었고, 직장생활에서는 투자자들에게 공정한 몫을 돌려주는 일에 주력했으며, 금융시스템의 심각한 결함과 불공정에 대해 시민들을 일깨우는 임무에 매진했다.

다른 사람들이 인간사와 열망에 대해 깊이 자기반성을 하도록 격려했다. 그러나 절대로 자기만족에 빠지거나 방종하지는 않았다. 아마도 이 책에서 당신과 사랑하는 사람들의 인생을 풍성하게 해줄 계몽, 이상, 덕을 충분히 발견할 수 있을 것이다.

왜 나는 굳이 투사가 되었는가

2007년에 나는 예일 대학교에서 후원하는 CEO 리더십 회의에 강사로 초대받았다. 참석자들은 나를 늙은 투사로 생각할 것이 뻔했으므로 나는 과거에 대한 회상과 미래에 대한 전망을 모두 담아 강연 제목을 '왜 나는 굳이 투사가 되었는가?'로 결정했다. 우연히도 그 기간에 텔레비전 작가들이 파업을 벌였으므로 참석자들이 심야 토크쇼의 유머를 즐길 수가 없었다. 나는 이들의 무료함을 달래주기로 하고 〈데이비드 레터맨의 심야쇼Late Show with David Letterman〉에 나오는 '10대 이유' 형식을 갖추기로 했다.

내가 준비한 10대 이유가 코미디로는 많이 부족할 것이다. (내 전공은 경제학이다!) 그러나 내가 전 생애를 바쳤고 오늘날에도 기울이고 있는 노력을 제대로 요약해보았다.

10위

나도 내가 굳이 싸우는 이유를 알고 싶다. 나는 중단하는 방법을 몰라서 계속 싸우고 있다.

9위

나는 구십 평생 싸움만 했기 때문이다. 나는 어려서는 신문 배달을 했고, 청년 시절에는 웨이터, 티켓 판매원, 우체국 직원, 경찰 출입기자, 증권사 주문원, 볼링장 핀 세터로 일했다. 그리고 성년이 되어서는 개인의 승진, 관심, 혁신, 진보, 사회에 대한 봉사, 심지어 권력과 명성을 위해서 싸웠다. 바로 이런 이유로 책도 여러 권 썼다.

8위

역사의 위대한 투사들이 항상 나의 영웅이었기 때문이다. 알렉산더 해밀턴, 테디 루스벨트, 우드로 윌슨을 생각해보라. 필라델피아 출신 록키 발보아도 있지 않은가?

7위

위대한 투사들은 결국 모두 전쟁에서 패배했기 때문이다. 나는 예외가 되려고 싸운다.

6위

펀드 산업에서는 청지기 정신과 투자자에 대한 봉사라는 전통적 가치를 회복하려고 싸우는 사람이 아무도 없기 때문이다. 누군가 그 일을 해야 한다. 아무도 할 사람이 없어서 내가 맡게 되었다.

5위

고독한 투쟁을 벌이면 사람들의 관심을 훨씬 많이 끌기 때문이다. 이것이 자존심 강한 사람에게는 근사한 가외 소득이 된다. 특히 인터넷에서 활동하는 보글헤드 Bogleheads(존 보글 팬클럽) 같은 외부인들이 내게 힘을 북돋워준다.

4위

슬픈 이야기지만 이제는 내가 스쿼시나 골프를 즐기지 않기 때문이다. 그러니 오랫동안 운동에서 쌓은 투쟁 정신을 사회 개선이라는 전장으로 돌릴 수밖에 없지 않은가?

나의 투쟁이 옳기 때문이다. (나라의 금융시스템을 쇄신하여 투자자들에게 공정한 몫을 돌려주는 것이 옳다) 수학적으로 옳은 일이다. 철학적으로도 옳은 일이다. 윤리적으로도 옳은 일이다. 사람들은 이것을 이상주의라고 부를지 몰라도, 오늘날에도 나의 신념은 57년 전 프린스턴 대학교에서 논문을 쓸 때만큼 이상으로 강하다. 이상주의자가 어찌 이런 싸움을 마다하겠는가?

내가 투사이긴 하지만 공정한 경쟁을 좋아하고, 지적인 도전을 좋아하며, 내가 손대는 것은 무엇이든 나아지기를 간절히 바란다. 로버트 프로스트의 표현을 빌리면, 나의 투쟁은 금융 산업과 벌이는 '연인들의 다툼'이다.

내가 타고난 투사이기 때문이다. 나는 투사로 태어나 투사로 자라났다. 이런 인생에는 러시모어산을 조각한 위대한 조각가 거츤 보글럼Gutzon Borglum의 다음과 같은 열정적인 말이 어울린다. "인생은 하나의 전쟁이다. 훌륭한 전쟁을 통해서 영혼이 얼마나 큰 힘을 얻는지 사람들은 전혀 알지 못한다.

나 자신의 영혼이 과연 힘을 잃을 것인지 나는 도저히 상상할 수 없지만, 시간이 내 편이 아니라는 사실만은 내면 깊숙이 알고 있다. 그래서 나의 정신과 힘이 마침내 무뎌질 때까지 나는 전쟁을 계속할 작정이다. 오로지 그때가 되어서야 나는 평생 싸웠던 멋진 전쟁의 추억을 찬찬히 즐길 것이다. 끝으로 소포클레스의 말이 떠오른다.

낮이 얼마나 밝은지 제대로 인식하려면
저녁이 올 때까지 기다려야 한다.

True Measures of Money, Business, and Life

나는 2005년 《뉴요커》에 실린 커트 보니것의 짧은 시에 영감받아 이 책을 쓰게 되었다. 이 시는 2년 뒤 나의 조지타운 대학교 졸업연설에도 영감을 주었고, 이어 '충분'이라는 개념이 돈뿐 아니라 사업과 인생에도 적용될 수 있다는 영감도 주었다. (이런 주제에 대한 나의 강력한 견해는 뱅가드 현재 경영진의 견해와 다를 수 있다는 점을 분명히 밝혀둔다)

나는 이 책의 주제를 생각하면서 지난 수십 년 동안 내가 이런 생각에 몰두했었음을 곧 깨달았다. 그동안 내가 전달했던 많은 연설이 이 책에서 주장한 논리와 기막히게 맞아떨어졌다. 하지만 연설 내용은 대부분 출간되지 않았으므로 그 내용을 이 책에 담아 남길 수 있게 되었다.

그러나 아마도 대여섯 번 정도는 이미 출간된 책의 내용을 내가 되풀이했거나 인용했음을 밝혀둔다. 많이 망설이기는 했지만, 처음 생각이 옳다면 원래의 생각을 포기하는 것이 오히려 어리석다고 판단했다.

모든 자료를 정리해준 하워드 민스Howard Means에게 감사한다. 또한, 원고를 읽고 소중한 의견을 말해준 세 사람에게도 감사한다. 윌리엄 번스타인William J. Bernstein은 신경과 의사 겸 투자상담사이자 다작 작가로서, 최근『무역의 세계사A Splendid Exchange』를 출간했다. 앤드루 클라크 Andrew S. Clarke는 뱅가드의 대표로서, 10년 전 나와 함께 『성공하는 투자전략 인덱스펀드』를 저술했다. 엘리엇 맥거킨Elliot McGuckin은 페퍼다인 대학교 박사로서, 그가 담당하는 '예술적 기업가 정신과 기술에 나타난 영웅의 여정'은 고전적 이상을 담아 영감을 불러일으키는 강의이다.

나의 뱅가드 보글금융시장연구센터 직원들이 없었다면 짧은 시에서 얻은 영감을 책으로 꽃피우는 작업은 불가능했을 것이다. 그래서 알아보기 힘든 나의 글을 타이

핑하고 끝없이 편집하느라 힘겨운 싸움을 벌였던 에밀리 스나이더Emily Snyder와 세라 호프먼Sara Hoffman에게도 특별히 감사한다. 또한, 지난 9년 동안 나를 도와준 케빈 라플린Kevin P. Laughlin에게도 감사한다. 그는 내가 주문하는 대로 조사 자료를 만들어냈고, 정확도를 확인했으며, 건설적인 편집 의견을 제시하는 등 놀라운 성과를 보여주었다. 무엇보다도 이들 모두 쾌활한 태도로 끝없이 인내하면서 전문가다운 탁월성을 발휘해주었다.

인내와 쾌활함에 대해서 말하자면, 52년 동안 나와 함께한 훌륭한 아내 이브에게도 감사해야 한다. 그녀는 계속 싸우고 연설하고 책을 쓰려는 나의 의지에 의문을 표시하고 있지만, 그 긴 세월 동안 좋을 때나 나쁠 때나 항상 나를 돌봐주고 지지해주었다. 물론 아내는 그렇게 의심할 권리가 있다!

존 보글

　존 보글은 내가 투자의 거장 가운데 가장 존경하는 인
물 중 한 사람이다. 물론 투자의 거장 중에는 전설적인
실적을 기록한 펀드매니저도 있고, 탁월한 이론을 제시
한 학자들도 있다. 그러나 존 보글이 남다른 점은 평범한
사람들에게 부자가 되는 길을 열어주었다는 사실이다.

　투자에 대해 아는 것이 전혀 없어도, 건전한 상식만 갖
추고 단지 오래 참고 기다리면 누구나 부자가 될 수 있게
해주었다. 게다가 그는 세계 최초로 인덱스펀드를 개발
한 뒤 거부가 될 수도 있었지만, 그 과실을 거의 모두 투
자자에게 돌려주었다. 그래서 그에게는 성인이라는 칭호

가 따라다닌다.

나는 그의 전작 『모든 주식을 소유하라』를 번역하면서 그의 주장에 깊이 공감하고 탄복했다. 그러나 한편으로는 그가 어떤 과정을 거쳐서 인덱스펀드를 개발하게 되었는지 궁금했다. 바로 이 책이 그 답을 제시해준다.

보글은 명석한 머리가 아니라 뜨거운 가슴으로 인덱스펀드를 개발했다. 나는 당시 인덱스펀드를 개발할 수 있는 사람이 보글 말고도 여럿 있었다고 생각한다. 그러나 보글만큼 고객을 뜨거운 가슴으로 배려하는 사람은 달리 없었을 것이다.

당장 눈앞에 이익이 보이지 않는데도 멀고 험한 길을 마다하지 않고 정도를 갈 수 있었던 것은, 어린 시절부터 근면과 검소로 쌓아온 인격 덕분이었다. 그리고 바로 이런 인격이 혼란에 빠진 우리 사회와 인생을 바로잡아주는 유일한 수단임을 이 책을 통해서 알 수 있다. 평생 양심의 목소리를 낮추지 않은 보글에게 한없는 찬사를 보내는 한편, 우리나라에도 이런 훌륭한 인격자가 많이 나와주기를 간절히 바란다.

근래에 우리나라에도 인덱스펀드 상품이 많이 등장하고 있다. 물론 보수가 터무니없이 높은 엉터리 인덱스펀드도 많지만, 일부 펀드는 수긍할 정도로 보수가 낮고 투명하게 운용되기도 한다. 또한, 말초신경을 자극하면서 투자자들을 오도하는 기사가 아직은 훨씬 많지만, 인덱스 투자의 장점을 설명하면서 합리적인 투자를 안내하는 기사도 눈에 띄고 있다. 세상에는 공짜가 없어서, 사람들이 인덱스 투자의 장점을 깨닫기까지 오랜 세월과 값비싼 수업료를 지불하게 되겠지만, 가급적이면 너무 큰 대가를 치르지 않고서도 그 혜택을 얻는 사람이 많아지기를 바라는 마음이다.

보글의 저서를 두 번째 번역하는 일은 내게 커다란 기쁨이었지만, 번역 과정에 고민도 없지 않았다. 나의 신조는 쉽고 간결한 번역이다. 그러나 보글의 문체는 간결하지가 않다. 주된 이유는 아흔을 바라보는 나이에도 불구하고 그의 열정이 너무도 뜨겁기 때문이다.

그래서 굳은 신념을 격정적으로 토해내다 보니까 한 문장이 열 줄을 넘어가는 경우도 여러 번 있었다. 이런 경우 나는 마음속으로 '보글 선생님, 저는 전적으로 공감하지만, 문장이 너무 길어서 숨이 찹니다. 제가 조금만 더 쉽고 간결하게 전달할게요.'라고 양해를 구하면서 옮겼다.

이 책에 담긴 지혜가 투자는 물론이고 우리 사회와 개인의 인생에도 큰 도움이 되기를 기원한다.

이 건

True Measures of Money, Business, and Life

거대한 유혹

1. David Brooks. (2008, June 10). The Great Seduction. The New York Times. https://www.nytimes.com/2008/06/10/opinion/10brooks.html

책을 시작하며

1. John Casidy. (2008, July 28). Loan Ranger. New Yorker. p.23.
2. 플라톤. 소크라테스의 변명. www.bartleby.com/2/1/1.html.

PART I 돈에 대한 태도
1장

1. 나는 이 경구의 출처를 찾을 수 없었다. 내 임의로 '자기 손을 써서'라는 말을 추가했다.
2. 찰스 멍거. 1998년 10월 14일 산타모니카 파운데이션 파이낸셜 오피스그룹에서 행한 연설.
3. 찰스 프린스는 1억 3,800만 달러의 보상을 받았다. 보상 금액은 다음 사이트에서 확인했다.
   http://oversight.house.gov/documents/20080306165144.pdf
4. 스탠리 오닐의 보상금액은 다음 사이트에서 확인했다.
   http://oversight.house.gov/documents/20080306164458.pdf
5. Landon Thomas. (2008, March 28). Down $900 Million or More, the Chairman of Bear Sells. New York Times. C1.
   Andrew Ross Sorkin. (2008, March 17). JP Morgan Pays $2 a Share for Bear Stearns. New York Times.
6. Jenny Anderson. (2008, April 16). Wall Street Winners Get Billion-Dollar Paydays. New York Times. A1.
7. Alan Abelson. (2007, May 28). Swarm of Analysts. Barron's. p.5.

8. 주식의 투자수익률은 내가 계산했다.

9. 투자 중개비용은 보글 금융시장 연구센터에서 증권산업 및 금융시장협회 (Securities Industry and Financial Markets Association) 리퍼 어낼리티컬 서비스(Lipper Analytical Services) 임피리컬 리서치 어소시에이츠(Empirical Research Associates) 등의 데이터를 바탕으로 추정했다. 나는 이 데이터가 취약하다는 점을 인정하며, 금융시스템의 비용과 효익에 대해 철저하고도 독립적인 분석이 진행되어야 한다고 계속 주장하는 바이다.

10. 글렌 웨일. (2007년 6월 5일). 프린스턴 대학교 졸업식 축사. 노벨상 수상자 로버트 루커스(Robert Lucas)의 말을 이용함.

2장

1. 존 메이너드 케인스. (1936). 고용, 이자 및 화폐의 일반이론. 하코트. www.marxists.org/reference/subject/economics/keynes/general-theory/

2. 버크셔 회장의 서신에서 인용. (1997년 2월 28일). 버크셔 해서웨이 1996년 연례보고서.

3. 벤저민 그레이엄. (2005). 현명한 투자자. 하퍼콜린스.

4. 주식시장수익률은 내가 계산했다.

5. Kenneth R. French. (2008). The Cost of Active Investing. Journal of Finance.

6. 선물과 옵션 거래량은 시카고 상품 거래소(Chicago Board of Trade)와 시카고 옵션 거래소(Chicago Board Options Exchange)에서 나온 것이다.

7. Hyman P. Minsky. (1974). The Modeling of Financial Instability: An Introduction. Modeling and Simulation 5.

8. Peter L. Bernstein. (2002, January/February). The 60/40 Solution. Blumberg Personal Finance,

9. Peter L. Bernstein. (2003, March 1). Are Policy Portfolios Obsolete? Economics & Portfolio Strategy.

10. Henry Kaufman. (2001). On Money and Markets: A Wall Street Memoir. McGraw-Hill Trade.

3장

1. Bank for International Settlement. (2008, June). Quarterly Review.

2. CIA. The 2008 World Factbook.

3. A Conversation with Benjamin Graham. Financial Analysts Journal 32. (1976, September/October).

4. 투자자 수익률은 내가 계산했다.

5. 나와 폴 새뮤얼슨 사이의 서신.

6. Lisa Sandler. (1987, September 18). Mania to Buy Back Stock Is Going Too Far, Some Say. Wall Street Journal.

7. Brian M. Carney. (2008, July 5). The Credit Crisis Is Going to Get Worse (Interview with Theodore J. Forstmann). Wall Street Journal. A9.

8. 펀드 흐름 데이터의 출처는 스트래티직 인사이트Strategic Insight.

9. Jonathan Shieber. (2008, April 29). Read's Exit Is a Boost for Clean Tech-Calpers Head Aims to Start Own Fund Focusing on Sector. Wall Street Journal. C11.

10. David Swensen. (2005). Unconventional Success. Free Press.

PART II 사업에 대한 태도
4장

1. Alice Calaprice, ed. (2002). Dear Professor Einstein: Albert Einstein's Letters to and fron Children. Prometheus Books.

2. 이익 예측 데이터는 모건 스탠리의 1981~2001년 자료이다. 이하는 나의 추정치이다.

3. 이익과 GDP는 경제분석국 데이터를 사용해서 필자가 계산했다.

4. Jeffery Sonnenfeld. (2002, June 12). Expanding without Managing. New York Times. A29.

5. Michael Kinsley. (2007, May 16). We Try Harder (but What's the Point? New York Times. A19.

6. 넬슨 제독의 트라팔가르 해전 서거 200주년 기념 미사에서 행한 런던 주교의 강론.

7. David Boyle. (2001, October 18). The Tyranny of Numbers. lecture to the Royal Society of Arts at Gateshead, U.K.

8. Bill George. (2007). True North. Jossey-Bass.

9. Daniel Yankelovich. (1972). 인용-Adam Smith (George J. W. Goodman). Supermoney. Random House.

5장

1. Howard Gardner and Lee S. Shulman. (2005, Summer). The Professions in America Today: Crucial but Fragile. Daedalus. 134(3).

2. Roger Lowenstein. (2003, December 28). The Purist. New York Times Magazine. 44.

3. Adam Smith. (1776). The Wealth of Nations. www.adamsmith.org/smith/won-intro.htm.

4. 존 보글. (2005). 만국의 주주들이여 단결하라.

5. ERI Economic Research. Wall Street Journal. Bureau of Labor Statistics 데이터로 CEO에 대한 보상금액을 갱신했다. www.aflcio.org/corporatewatch/paywatch/pay/index.cfm.

6. 벤저민 그레이엄. (2005). 현명한 투자자. 하퍼콜린스.

7. Felix Rohaytn. Free, Wealthy and Fair. Wall Street Journal, November 11, 2003, A18.

6장

1. 펀드 통계 출처: Wiesenberger. Investment Company Yearbook. the Investment Company Institute. Morningstar. Strategic Insight.

2. 회전율 출처: New York Stock Exchange. Morningstar.

3. 펀드 설정 통계 출처: 필자의 계산과 Morningstar.

7장

1. Warren Bennis and Joan Goldsmith. (1997). Learning to Lead. Perseus.
2. 존 메이너드 케인스. (1936). 고용, 이자 및 화폐의 일반이론. 하코트.
3. 로버트 그린리프. (1991). 서번트 리더십 원전. 롤리스트 프레스.
4. James L. Heskett, W. Earl Sasser, and Leonard A. Schlesinger. (2002). The Value Profit Chain: Treat Employees Like Customers and Customers Like Employees. Free Press.
5. Jim Collins. (2008, May 5). The Secret of Enduring Greatness. Fortune.

PART III 인생에 대한 태도

8장

1. 괴테의 『파우스트』를 번역해 넣었다. www.goethesociety.org/pages/quotescom.html.
2. W. H. Murray. (1951). The Scottish Himalayan Expedition. J. M. Dent & Sons.

9장

1. H. W. Brands. (2000). Benjamin Franklin-The First American. Doubleday. 166.
2. 애덤 스미스. (1776). 국부론. www.adamsmith.org/smith/won-intro.htm.
3. 애덤 스미스. (1759). 도덕감정론. www.adamsmith.org/smith/tms/tms-index.htm.
4. 빌 조지. (2003). 진실의 리더십.
5. Tamar Frankel. (2006). Trust and Honesty: America's Business Culture at a Crossroads. Oxford University Press.
6. 벤저민 프랭클린. 프랭클린 자서전. www.ushistory.org/franklin/autobiography/singlehtml.htm.

10장

1. Fred B. Craddock. (2001). The Cherry Log Sermons. Westminster John Knox Press.

2. Charles L. Wallis. (1983). The Treasure Chest. HarperSanFrancisco.

3. Woodrow Wilson and Ronald J. Prestritto. (2005). Woodrow Wilson: The Essential Political Writings. Lexington Books.

4. David Brooks. (2004, November 16) Moral Suicide, a la Wolfe. New York Times. A27.

PART IV 무엇이 충분한가

1. Richard M. Ryan and Edward L. Deci. (2000, January). Self-Determination Theory and the Facilitation of Intrinsic Motivation, Social Development, and Well-Being. American Psychologist.

2. Steve Landsburg. (2008, June 5). A Lot More Than a Penny Earned. Wall Street Journal. A19. Review: Ronald T. Wilcox. (2008). Whatever Happened to Thrift? Yale University Press.

3. Sam Robers. (2007, August 29). New York's Gap between Rich and Poor Is Nation's Widest, Census Says. New York Times. B3.

4. David Brooks. (2008, June 10). The Great Seduction. New York Times. A23.

5. Kurt Vonnegut. (2008, May 16). Joe Heller. New Yorker. 양해를 얻어 게재함.

6. Alfred. Lord Tennyson. (1985). Poems. Penguin.

존 보글
부의 마인드

초판 1쇄 인쇄 2025년 1월 20일
초판 1쇄 발행 2025년 1월 30일

지 은 이 존 보글
옮 긴 이 이 건
발 행 인 정수동
발 행 처 저녁달

편집주간 이남경
편 집 김유진

출판등록 2017년 1월 17일 제406-2017-000009호
주 소 경기도 파주시 문발로 142 니은빌딩 304호
전 화 02-599-0625
팩 스 02-6442-4625
이 메 일 book@mongsangso.com
인스타그램 @eveningmoon_book
유 튜 브 몽상소

ISBN 979-11-89217-42-6 03320